# CE LIVRE N'EST PAS À LIRE

ALORS FAIS-EN CE QUE TU VEUX !

David Sinden Nikalas Catlow
Texte français de Claire-Marie Clévy

Père Castor

Première édition publiée sous le titre *Don't Eat This Book* par Random House Children's Publishers UK, une marque de The Random House Group Ltd.


ISBN : 978-2-0813-0115-3 / L.01EJDN000958.C003
Mise en page : Raphaël Hadid

Dépôt légal : mai 2014
Éditions Flammarion – 87, quai Panhard-et-Levassor, 75647 Paris Cedex 13
Loi n° 49-956 du 16 juillet 1949 sur les publications destinées à la jeunesse

Achevé d'imprimer par Dupli-Print à Domont (95) en septembre 2015 - N° d'impression : 2015090534

## AVERTISSEMENT

ÉCLATE-TOI AVEC CE LIVRE, MAIS PRENDS TES PRÉCAUTIONS ET NE TENTE RIEN DE DANGEREUX. NE VA PAS PLEURNICHER PARCE QUE TU T'ES CASSÉ UNE JAMBE EN FAISANT DES CASCADES ! ÉVITE DE LIRE CE LIVRE SOUS L'EAU, DE FONCER DESSUS À CENT CINQUANTE KILOMÈTRES HEURE OU DE LE COLLER SUR TA TÊTE AVEC DE LA SUPER GLU. NE TE PRENDS PAS LES PIEDS DEDANS ET NE METS PAS LE FEU À TES CHEVEUX. MIEUX VAUT PORTER UN CASQUE ET DES PROTÈGE-COUDES, ON NE SAIT JAMAIS... (BON, SÉRIEUSEMENT : FAIS ATTENTION À TOI ET AUX AUTRES EN UTILISANT CE LIVRE.)

YO!

# C'EST QUOI CE LIVRE ?

Ce livre est franchement génial et un peu débile. Il y a des **TAS** d'activités à faire dedans, des trucs **DINGUES** et **CRÉATIFS**. Promis, tu vas **ADORER** !

## RÈGLES D'UTILISATION :

RÈGLE N° 1 : NE MANGE PAS CE LIVRE.

RÈGLE N° 2 : IL N'Y A PAS D'AUTRES RÈGLES.

RÈGLE N° 3 : LES RÈGLES, C'EST NAZE.

## ALORS JE FAIS QUOI ?

Tout ce que tu veux, tu t'éclates !
Chaque page attend tes créations,
tes réflexions, tes inventions.

Ce livre est à **TOI.**

# QUI ES-TU ?

Écris ton nom sur cette page, autant de fois que tu veux et de n'importe quelle manière.

# AUTOPORTRAIT

Dessine **OU** peins un portrait de toi

**LES YEUX BANDÉS.**

# À L'ATTAQUE !

Vas-y franco avec ce livre. Déchire une page si tu veux. Ne t'occupe pas de ce qu'il y a derrière : on s'en fiche! Si tu veux coller un truc à l'intérieur, pas de problème. Dessine, gribouille, écris ce qui te chante. Remplis ce livre d'idées, de couleurs et de bruits. Tu peux l'emporter partout, le montrer à tout le monde et le prêter si t'as envie.

**POUR T'ÉCHAUFFER, ESSAIE ÇA :**
tu verras, ça fait du bien!

FERME LE LIVRE. JOUE DU TAM-TAM DESSUS.
ÉCRIS TON NOM SUR LA COUVERTURE ET RÉPÈTE :
« CE LIVRE EST À MOI. J'EN FAIS CE QUE JE VEUX! »

Mets de la confiture ou du dentifrice **ici**.

Gribouille à l'extérieur des pointillés.

COLORIE CETTE PAGE.

Déchire ce coin et jette-le. (Ne t'occupe pas de ce qu'il y a derrière.)

AGRAFE OU COLLE UN OBJET **ICI**.

PEUX-TU TENIR CE LIVRE EN ÉQUILIBRE SUR UN DOIGT ? ET LE FAIRE TOURNER ?

Déchire les pointillés pour faire une frange sur le bord, là.

**COLLE UNE IMAGE DÉCOUPÉE DANS UN MAGAZINE**

Dessine un bonhomme de neige qui jette de la neige sur un chasse-neige.

COLORIE TOUT !

CE LIVRE EST À TOI DEPUIS LE ...

Enlève ça :

**MAINTENANT, DÉCHIRE CETTE PAGE.**

DÉCHIRE ICI

Roule-la en boule, et déchire-la en morceaux.

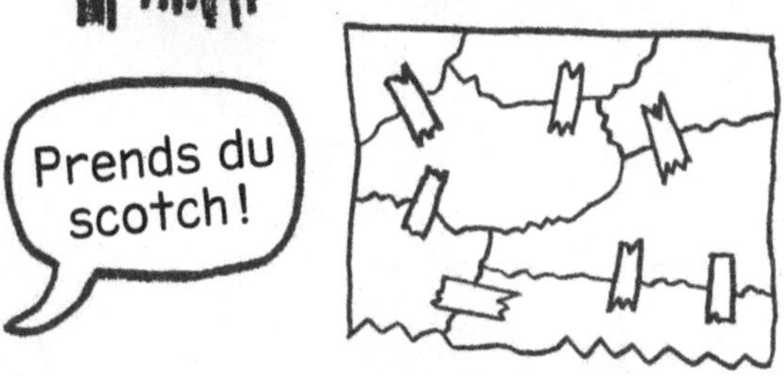


Répare la page **GROSSIÈREMENT** et recolle-la où tu veux dans ce livre.

Trempe un bout dans du coca ou du thé.

# COMME UN PIED

Maintenant que tu t'es échauffé(e), enlève tes chaussures et tes chaussettes pour dessiner ou peindre ce que tu veux avec tes pieds.

# DRÔLES DE CASCADES

## CAP OU PAS CAP :

de tenir ce livre sur ta tête ?
de le garder en équilibre en te mettant sur une jambe ?
et en courant ?

de le tenir sur un doigt ?
sur ton menton ?
sur ton coude en faisant la danse des canards ?
sur ton épaule en faisant la ola ?
sur ton pied en tournant sur toi-même ?
sur le dos de la main en applaudissant très fort ?
sur tes fesses en marchant à quatre pattes ?

de le lâcher et de le rattraper avec un genou ?
... et de le garder en équilibre en sautillant ?

# NE TOUCHE PAS CETTE PAGE

Sinon tu devras :

# À VOS M

Combien de marques peux-tu faire sur cette page ?
Utilise tous les outils que tu veux : des stylos, des crayons, des pinceaux… mais aussi des bâtons, de la ficelle, du carton, des feuilles ou des cailloux.
Essaie de faire des traits, des pointillés, des égratignures, des taches, des traces de gomme ou de peinture…

# ARQUES!

# T'AS UNE TACHE

Décore cette page avec des taches et des éclaboussures.
Tu pourrais écraser des petits pois, des bonbons, des framboises... Quoi d'autre ?

LA
MOUSSE
TACHE !

PEUX-TU PASSER À TRAVERS CETTE PAGE ?

Découpe en suivant les lignes noires.

Déplie... et hop!

# TÊTE À CLAQUES

Dessine quelqu'un que tu aimerais gifler,
si tu pouvais. **METS-LUI DES CLAQUES**.

# BONDS

Emporte ce livre dehors. Décore ces pages en jetant dessus des balles pleines de peinture ou de boue : balles de ping-pong, balles de tennis, balles en mousse... c'est toi qui décides !

# et REBONDS

# DÉTRUIS CETTE PAGE PETIT À PETIT AVEC UNE PERFORATRICE.

Sers-toi des confettis pour décorer la couverture.

UN TROUEUR EN SÉRIE SE PROMÈNE DANS CE LIVRE ! QUE FAIT LA POLICE ?
FLASH INFO

# PLIE CETTE PAGE EN DEUX AUTANT DE FOIS QUE POSSIBLE.

Arriveras-tu à faire sept plis ?

# RAYURES EN FOLIE

Couvre cette page de rayures : noires ou colorées, plates ou en relief, minces ou épaisses, unies ou variées... C'est toi qui choisis!

EXPLOSE-MOI

BOMBE
de
PEINTURE

# ATTENTION ! CE LIVRE SE JETTE SUR TOI !

MIME LA SCÈNE...
ET REGARDE SI
QUELQU'UN RÉAGIT !

# L'AIR INFERNAL

Finis d'écrire la chanson en « la la la » – tu sais, cette chanson qui énerve tout le monde... Chante-la jusqu'à ce que les gens te supplient d'arrêter.

La la la la la . . .

# DESSINE-TOI À 100 ANS.

attaque

# d'élastiques

Crée un tableau explosif à l'aide d'élastiques.
Trempe-les dans de la peinture et lance-les sur
ces pages. Tire... et lâche! Ou colle-les!

# BLING-BLING

Décore ces pages avec des stylos dorés ou argentés, de l'aluminium, des trombones, des agrafes, des paillettes...
Plus ça brille, mieux c'est!

**TU** DESSINES À PARTIR D'ICI.

Utilise un outil farfelu, comme du rouge à lèvres ou un crayon à sourcils.

**TON AMI** DESSINE À PARTIR D'ICI.

Ajoute autant de couleurs que possible.

# PEUX-TU LIRE CECI ?

Q

ua

ndt

uteco

ncentre

spourlirecemessagetupl

isseslesyeuxetquandtuplisseslesyeuxtuasl'airconstipé

Tiens, mange un pruneau !

LAISSE CETTE PAGE DANS LES TOILETTES POUR **GRIBOUILLER** DESSUS

**OU** T'EN SERVIR S'IL N'Y A PLUS DE PAPIER...

# CHERCHE L'ERREUR

À toi de corriger ces expressions célèbres :

ON NE FAIT PAS D'OMELETTE SANS CASSER DES TOILETTES.
LA PAROLE EST D'ARGENT ET LES TOILETTES SONT D'OR.
QUI VEUT VOYAGER LOIN MÉNAGE SES TOILETTES.
CHASSEZ LE NATUREL, IL REVIENT AUX TOILETTES.
C'EST L'HÔPITAL QUI SE MOQUE DES TOILETTES.
AVOIR LES YEUX PLUS GROS QUE LES TOILETTES.
PIERRE QUI ROULE N'AMASSE PAS TOILETTES.
QUI SÈME LE VENT RÉCOLTE LES TOILETTES.
IL N'Y A QUE LES TOILETTES QUI BLESSENT.
IL N'Y A PAS DE FUMÉE SANS TOILETTES.
PLUS ON EST DE TOILETTES, PLUS ON RIT.
SE FOURRER LES TOILETTES DANS L'ŒIL.
L'HABIT NE FAIT PAS LES TOILETTES.
MIEUX VAUT TARD QUE TOILETTES.
APRÈS LA PLUIE, LES TOILETTES.
BÊTE COMME SES TOILETTES.
UNE CERVELLE DE TOILETTES.
L'UNION FAIT LES TOILETTES.
COMME CHAT ET TOILETTES.
CERISE SUR LES TOILETTES.
UNE FAIM DE TOILETTES.
TOILETTES ET MAT.
TOILETTES OU VIF.
TOILETTES QUI PEUT.
RUBIS SUR TOILETTES.
SOUPE AUX TOILETTES.
SAUVÉ PAR LES TOILETTES.
RICHE COMME TOILETTES.
LA BOURSE OU LES TOILETTES.
LA FIN JUSTIFIE LES TOILETTES.
D'UNE PIERRE DEUX TOILETTES.
UN VENT À DÉCORNER LES TOILETTES.

# LA PAGE BÊTE

Fabrique un monstre avec la tête, le corps et les pattes de trois animaux différents. Rajoute-lui des appendices, comme des tentacules, des cornes, des ailes... Et donne-lui un nom.

ÉCRIS UN SECRET ENCORE ET ENCORE JUSQU'À CE QU'IL DEVIENNE ILLISIBLE.

Imagine un perroquet qui fait des crottes multicolores. À quoi ressemblerait cette page si on l'avait laissée sous son perchoir ?

# JETTE DES TRUCS SUR CE MUR

TAGUE-LE.

# TRANSFORME UNE PAGE DE CE LIVRE EN MÉGAPHONE... ET CRIE ! PAR EXEMPLE :

« Des poux, des poux, qui veut des poux ? »
(en te grattant la tête)

« Bouge de là ! »

« Faites du hip-hop ! »

« Regardez, c'est... (une célébrité) ! »

« J'AI LA RAGE ! » (avec du dentifrice autour de la bouche)

« Qui veut être mon ami ? »

« G.P.T. »

« Haut les mains, peau de lapin ! »

« Éloignez-vous du véhicule ! »

« J'ai rien fait. »

« Hors de chez moi ! »

« Que ceux qui ont des chaussettes propres lèvent la main ! »

Tu peux aussi crier comme Tarzan, éternuer, roter.

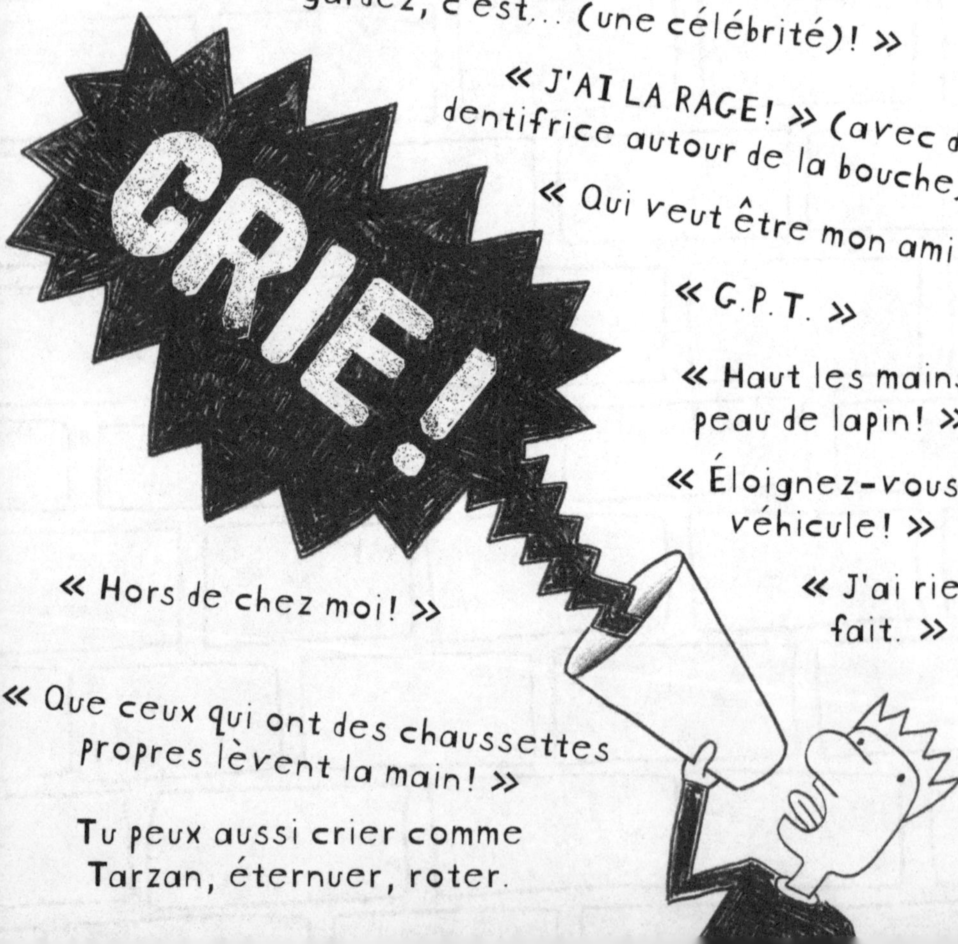

Pose la pointe
d'un crayon ou
d'un pinceau sur
la page, et bouge
le livre en dessous
pour dessiner.

# BOUGE CE LIVRE

# ÉCRIS UNE DEMANDE DE RANÇON

# À QUOI RESSEMBLERAIT CETTE PAGE SI C'ÉTAIT UNE

# TAPETTE À MOUCHES?

# CETTE PAGE EST UNE PRISON

Essaie de t'évader en grattant
le papier avec tes ongles.

# POINT PAR POINT

Relie les points dans l'ordre que tu veux, puis change de couleur et recommence dans un autre ordre.
Continue jusqu'à ce que la page te plaise.
Colorie les formes que tu as créées.

# RÉCAPITULE :

LES ANIMAUX QUE TU AS EUS (OU VOUDRAIS AVOIR) :

chiens
lapins

TES QUALITÉS ET TES TALENTS :

- chant
- sensible
- aime les animaux

TES DIX CHANSONS PRÉFÉRÉES :

LES BÊTISES QUE TU AS FAITES :

Houlaaaa...!

LES LIVRES QUE TU AS LUS :

Heu...
y'en a
environ 3
millions !

LES PAYS QUE TU AS VISITÉS :

Suisse - l'almagne

LES ENDROITS OÙ TU AS VOMI :

[illegible]
[illegible]
[illegible]

LES GENS QUE TU AS EMBRASSÉS :

[illegible] - [illegible]

CE QUI
TE FAIT PEUR :

les araignées

LES GENS QUE
TU ADMIRES :

TES PROJETS
D'AVENIR :

OÙ SE TROUVENT
TES GRAINS DE
BEAUTÉ :

sur la joue...

LE NOM DE
TES AMIS :

Valentin

Eliséo

Arthur

Jules

CE QU'IL Y A
DANS TA
CHAMBRE :

1 milliard
et demi de
bibelots

LES TRUCS QUI
T'ÉNERVENT :

LES BLESSURES
QUE TU T'ES
FAITES :

À QUOI RESSEMBLERAIS-TU
SI TU ÉTAIS UN CHIEN ?

COMMENT RATTRAPE-T-ON UN CHIEN QUI S'EST SAUVÉ ? EN IMITANT LE CRI DE L'OS !

# À CHAQUE JOUR SA MOUSTACHE

Peaufine ces moustaches. Dessines-en d'autres. Essaie-les!

# DES RONDS SUR LE PAPIER

Trouve des objets ronds, trace leur contour sur cette page. Colorie les endroits où les cercles se chevauchent.

# CECI N'EST PAS UN L

C'est un bout de dessin. De quoi? C'est toi qui vois...

# LE CROQUE-MITAINE
arrive...

À quoi ressemble-t-il?

# LIBÈRE TA COLÈRE

Passe ta rage sur cette page. Défoule-toi :
écris ce que tu penses, ce que tu aimerais hurler
si tu pouvais. Dessine ta colère, et puis gribouille
dessus jusqu'à ce qu'elle disparaisse.
Tu verras, ça fait du bien !

# PIQUE ET CROQUE

Dessine des piqûres de moustique et des morsures de vampire sur ce visage. Fais des trous, des petits points... À l'attaque!

DESSINE UNE

# MIGRAINE

Sur ces deux pages, montre ce que tu ressens quand tu as mal au crâne.

# UTILISE CE LIVRE POUR ÉNERVER LES GENS

Dès que quelqu'un le touche, pousse un gros soupir et vaporise du désinfectant sur la couverture.

Ouvre-le sans arrêt pour demander : « Ça va là-dedans ? »

Demande à quelqu'un de trouver la page des imbéciles.

À chaque fois que tu tournes une page, pique un fou rire, renifle, hurle : « Aaaaah ! Mes yeux ! » et fais semblant de prendre un coup de jus.

Montre-le à quelqu'un, puis chuchote d'un air lugubre : « Encore une victime... »

Fais comme s'il pesait des tonnes : lâche-le, puis écroule-toi par terre en essayant de le soulever.

Fais un bruit d'explosion à chaque fois que quelqu'un s'en approche.

Dès que quelqu'un parle, referme ce livre en disant : « Puisque c'est ça, j'arrête! »

Laisse-le traîner par terre. Si quelqu'un le ramasse, crie : « Hé, c'est à moi! »

Mets-toi à côté de quelqu'un et évente-toi avec ce livre en disant : « T'aurais pas pu te retenir? »

Installe-toi à ton bureau pour lire en riant très fort. Si quelqu'un vient te voir, demande : « Vous avez rendez-vous? »

Utilise des jumelles pour lire. Si on te pose une question, réponds : « Oui mon capitaine! »

Renifle chaque page en marmonnant : « Mmm, quelle bonne odeur! »

# CRÉE TA BD

Remplis les bulles...

… et les cases.

# QUI EST CE SUPERHÉROS RIDICULE ?

Découpe la photo d'un inconnu dans un magazine.
Colle-la ici.
Imagine que c'est un superhéros archinul.

NOM :

SUPERPOUVOIRS :

POINT FAIBLE :

ENNEMI JURÉ :

DEVISE :

RENDS CETTE PAGE EFFRAYANTE.

AAAAH!

# BATAILLE

Rends ces chaussettes encore plus puantes
et ces fleurs encore plus parfumées.

# D'ODEURS

Qui gagnera le combat?

# C'EST QUOI, ÇA ?

Colle des surprises sur ces pages : des taches, des trucs gluants, des bonbons, des jouets, des bouts de gâteau... Demande à un ami de deviner ce que c'est et d'où ça vient.

## REGARDE

Qu'est-ce que c'est?

## DEVINE

où j'ai trouvé ça?

Maintenant, demande à ton ami d'identifier les surprises de cette page avec un bandeau sur les yeux.

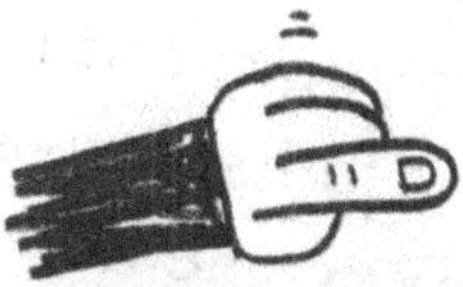

**TOUCHE**

qu'est-ce que c'est ?

**RENIFLE**

qu'est-ce que c'est ?

# SUR LA ROUTE

Voici un petit jeu pour t'occuper : au cours d'un voyage, entoure ce que tu as vu, senti ou entendu dans la liste ci-dessous. La prochaine fois, recommence avec une autre couleur.

Un ENRHUMÉ

QUELQU'UN qui DANSE

Une TOMATE

Un GROS NAZE

Des CHAUSSURES BLANCHES

Un SAC À POIS

Des TACHES BLEUES

Des CHAUSSETTES RAYÉES

Un CHEVAL

Une ODEUR DE FRITES

Un LIQUIDE BLEU

Un CHIEN qui tire LA LANGUE

Une FENÊTRE RONDE

Un VIEUX

Un TRUC COLLANT

Un CAMION JAUNE

Un IMMEUBLE EN VERRE

Un BOLOSSE

Un KLAXON

Une MOUCHE

Un SKATE

Un CHAT NOIR

Un RIRE

Un GRINCEMENT

Un NUAGE en forme de POISSON

Un ENFANT qui PLEURE

Un ADULTE VÉNÈRE

Une VOITURE VIOLETTE

Une AFFICHE DE FILM

Un TEE-SHIRT ORANGE

Un TAG

Un CARRÉ ROUGE

Un ROND VERT

Une CORDE À LINGE

Un ARBRE ÉNORME

Des AILES

Un VÉLO

Un TRUC qui PUE

Ici, tu peux écrire

dans les bulles.

SANS RETOURNER CETTE PAGE,
DESSINE OU PEINT QUELQUE CHOSE...

# À L'ENVERS

Tu pourrais essayer en faisant le poirier, ou en retournant l'objet qui te sert de modèle.

ÉCRIS UN MESSAGE SURPRENANT
SUR CETTE PAGE.

AFFICHE-LE DANS UN ENDROIT
INATTENDU ET ATTENDS
QUE QUELQU'UN LE TROUVE.

CHUT, TU M'AS PAS VU...

CRÉE UN PARCOURS FLÉCHÉ JUSQU'À TON MESSAGE.

REGARDE SI QUELQU'UN LE SUIT !

COMMENT APPELLE-T-ON UN CHIEN SANS PATTES ?
ON NE L'APPELLE PAS, ON VA LE CHERCHER !

# ADOPTE CE →

## COMME ANIMAL DE COMPAGNIE

Agrafe de la laine, du coton ou des cheveux dessus. Ajoute des yeux, mets-lui une laisse et donne-lui un nom : c'est ton nouvel animal de compagnie !

Emmène-le se promener.
Apprends-lui des tours.
Donne-lui à manger.

Note le nombre de gens qui te regardent de travers :

..............

# goutte à goutte

Fais tomber des gouttes de peinture sur ces pages. Crée une œuvre d'art en « plic » et en « ploc » !

# LA PAGE VOYAGEUSE

Jusqu'où peut aller cette page sans que tu la perdes ?

Voici quelques techniques à essayer :

1) Plie-la en forme d'avion et lance-la.

2) Roule-la en boule et jette-la.

3) Déchire-la en bandelettes que tu scotcheras bout à bout.

4) Attache-la à un cerf-volant.

5) Envoie-la par la poste à un ami ou un membre de ta famille, à qui tu demanderas gentiment de te la renvoyer avec une preuve de l'endroit où elle est arrivée.

RACONTE
CE QUI SE PASSE ICI :

Choisis un petit objet sans intérêt : une gomme, un bouchon de stylo, un trombone, etc. Examine-le attentivement (aide-toi d'une loupe si tu veux), puis dessines-en un bout qui remplisse toute la page. Donne-lui l'importance qu'il mérite !

# DÉCORE CES **SLIPS**.

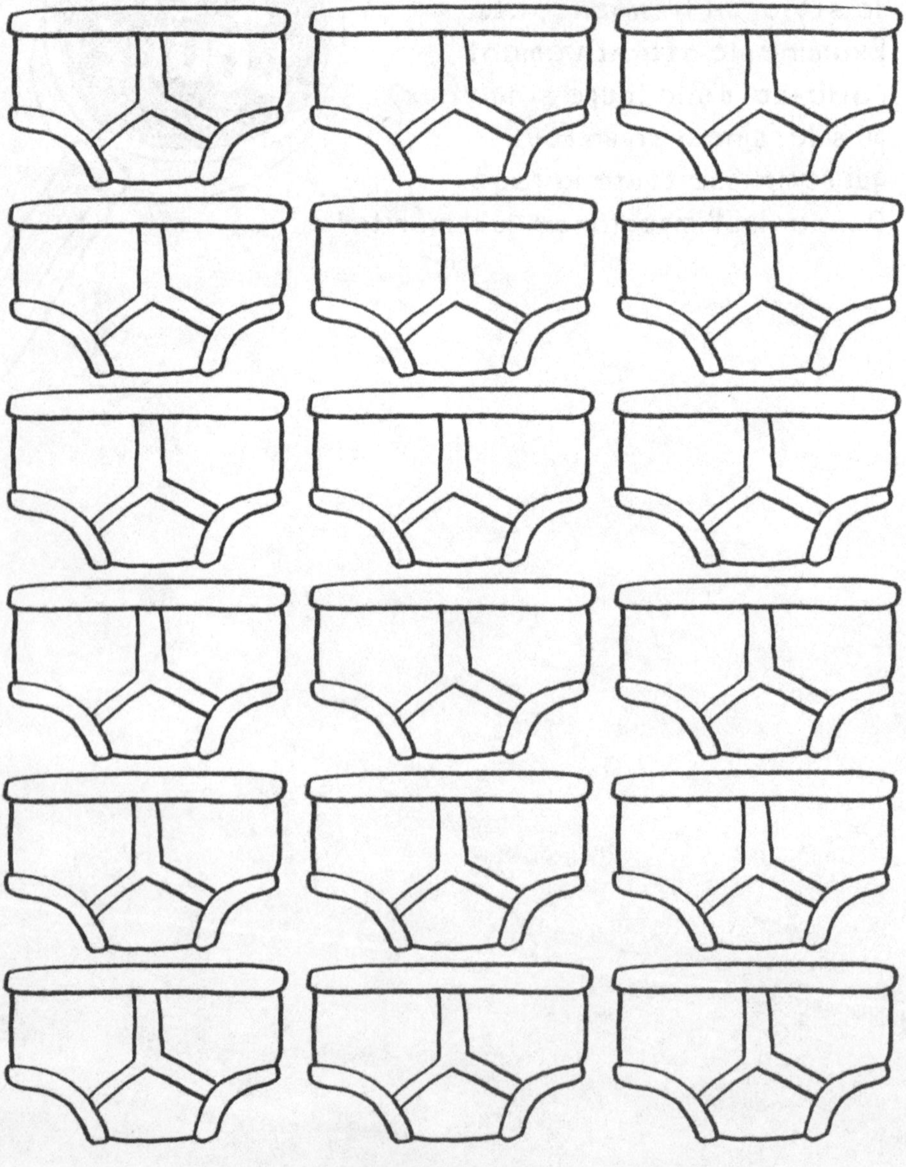

# RENDS-LES UNIQUES.

dans

# le MILLE !

Emporte ce livre dehors. Prends un stylo ou un crayon, et jette-le sur ces pages en essayant d'y laisser une marque. Mets-toi de plus en plus loin : est-ce que tu y arrives encore ? Crée une œuvre d'art à partir de tes marques, dessine des cibles ou défie un ami à un concours de tir. Assure-toi que personne ne passe par là quand tu lances ton crayon !

# À TÂTONS

Cette page est faite pour être touchée, plutôt que regardée. Recouvre-la de papiers aux textures variées et de bouts de tissu.

Regarde **EN HAUT** et dessine ce que tu vois.

VA DANS UN ENDROIT
QUE TU NE CONNAIS PAS...

Regarde **EN BAS** et dessine ce que tu vois.

# Formule 1

Ferme les yeux et parcours ce circuit
avec un stylo, un crayon ou un pinceau.
Chronomètre-toi, en enlevant
5 secondes pour chaque sortie de piste.
Change de crayon et redémarre pour
améliorer ton score, ou défie un ami.
Cette course, c'est de l'art!

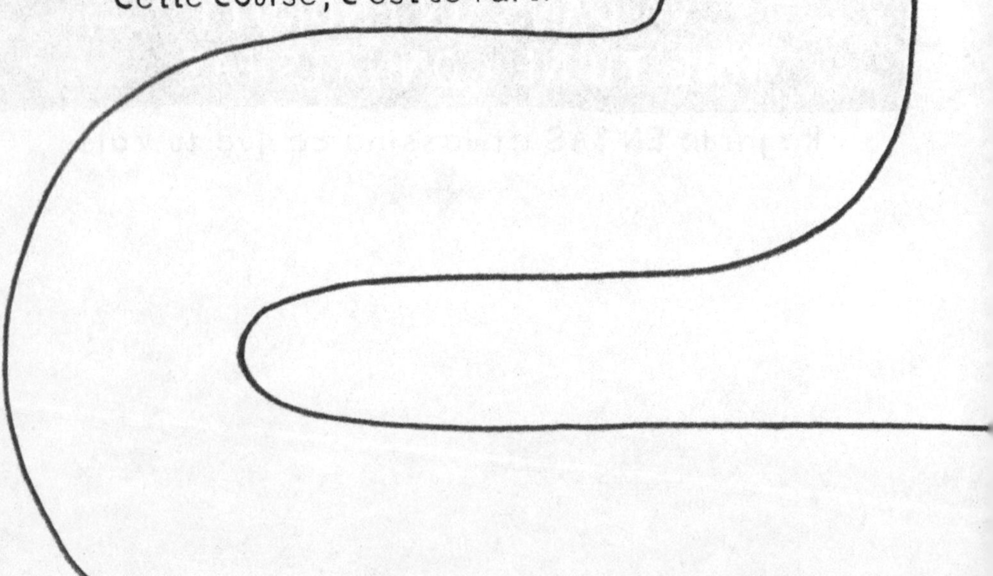

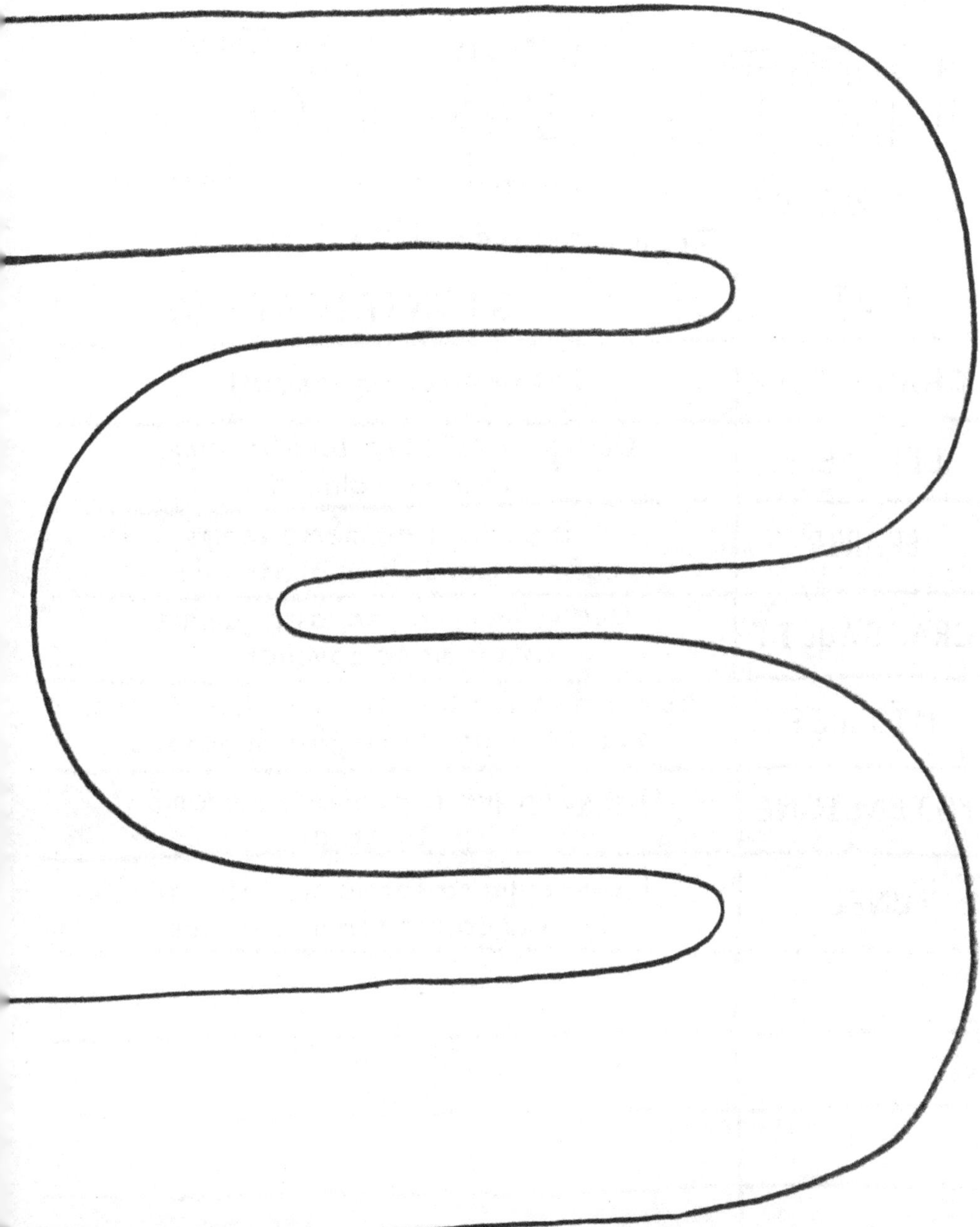

# MOTS-VALISES

Voici quelques mots inventés et leur signification.
Trouves-en d'autres.

| MOT | SIGNIFICATION |
|---|---|
| CHAUSSPUER | Sentir mauvais des pieds. |
| LÉLÈVE | Quelqu'un qui lève tout le temps la main en classe. |
| BRARIR | Rire et crier en même temps, comme quand on te chatouille. |
| CRASSAULIT | Quelqu'un qui ne se lave jamais avant de se coucher. |
| MIOLLES | Les miettes que tu retrouves dans ta tasse quand tu trempes un gâteau dedans. |
| POTENLIGNE | Quelqu'un que tu connais uniquement sur Internet. |
| BUNÉE | La buée qui se forme sur une vitre quand tu colles ton nez dessus. |
| | |
| | |
| | |
| | |

VIVE
LES
FÔTES
D'ORTAUGRAFE !

# CASSE-TOI LA TÊTE

Pense à une image qui serait très compliquée à reformer. Dessine-la, puis découpe-la.

# PIÈCE QUI ROULE

Fais rouler une pièce sur cette page pour marquer des points !

30 POINTS

20 POINTS

50 POINTS

40 POINTS

10 POINTS

## COLORIE LES CIBLES !

Recommence en lançant la pièce avec ton pouce, ou fais-la sauter comme si tu jouais aux puces.

# ÇA BROSSE DUR

Troque ton pinceau contre une brosse : une brosse
à dents, une brosse à ongles, une brosse à cheveux
ou même un balai-brosse. Crée un tableau plein
de mouvement en brossant la peinture dans tous les sens.

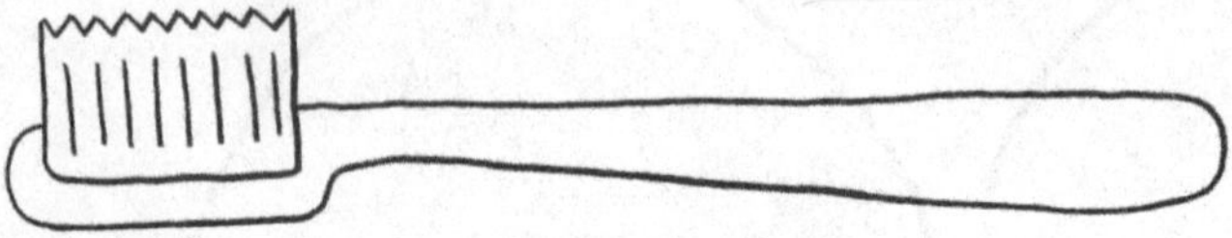

ÇA DÉCOIFFE !

# TANGRAM

En utilisant uniquement les pièces ci-dessous, combien de figures peux-tu former ?

# 15 SECONDES... PARTEZ !

Dessine chaque élément de la liste autant de fois que tu peux en quinze secondes. Défie un ami : qui sera le plus rapide ? Colorie cette page quand tu as terminé.

La lettre X

La lettre S

Le chiffre 8

Des éclairs

Des ronds

Des spirales

De la ficelle

Des vers de terre

Des moutons

Des yeux

# VOUS POUVEZ RÉPÉTER LA QUESTION ?

Invente des questions idiotes pour ces réponses.

| QUESTION | RÉPONSE |
| --- | --- |
| .............................. | UNE SECONDE. |
| .............................. | C'EST ÉNORME ! |
| .............................. | MON AMI ........ (rajoute son nom ici) |
| .............................. | SUPER ÉNERVANT |
| .............................. | JAMAIS ! |
| .............................. | 7 613 756 EUROS |
| .............................. | BEURK. |
| .............................. | MOI ! |
| .............................. | Un vieux truc puant. |

# c'est CONTAGIEUX

À quoi ressemblerait cette page
si elle était malade ?

# VIRELANGUES

Répète ces phrases le plus vite possible :

« SUIS-JE CHEZ CE CHER SERGE ? »

« PAPIER, PANIER, PIANO »

« DE BEAUX GROS BRAS GRAS »

« TRUITE CUITE, TRUITE CRUE »

« SEIZE CHAISES SÈCHENT. »

« PRUNEAU CUIT, PRUNEAU CUIT »

« TROIS TORTUES TROTTAIENT SUR UN TROTTOIR TRÈS ÉTROIT. »

« L'AMIBE MINE LE BIDE. »

« JE VEUX ET J'EXIGE DES EXCUSES ! »

« SI SIX CENTS SCIES SCIENT SIX CENTS SAUCISSES, SIX CENT SIX SCIES SCIERONT SIX CENT SIX SAUCISSES. »

« UN PAPA PASSA ET PINÇA UN SAPIN SYMPA. »

« PETIT POT DE BEURRE, QUAND TE DÉPETITPOTDEBEURRERISERAS-TU ? JE ME DÉPETITPOTDEBEURRERISERAI QUAND TOUS LES PETITS POTS DE BEURRE SE DÉPETITPOTDEBEURRERISERONT. »

« MES MÉMÉS M'AIMAIENT MAIS PAS PAPA. »

« IL FAUT QU'UN SAGE GARDE-CHASSE SACHE CHASSER TOUS LES CHATS. »

« LA BLATTE PRÈS DU PLAT DE PÂTES »

# UN PEU D'ANIMATION

Tourne cette page rapidement d'avant en arrière.
N'oublie pas d'ajouter des bruitages !

TIENS LA PAGE ICI

À toi de fabriquer...
UN FILM
Dessine une première image à l'intérieur.
Plie une feuille en deux.
Dessine une seconde image sur la première page.
TOURNE la première page d'avant en arrière !
COMME ÇA !
ATTENTION : décalque bien les parties qui ne doivent pas bouger, pour qu'elles soient identiques sur les deux images.

# ÇA DÉGOULINE

Fais couler de la peinture sur cette page.
Utilise plusieurs couleurs.
Attends que ça sèche, puis recommence.

# INTERDICTION ABSOLUE DE TOURNER

# LA PAGE

# PUNITION

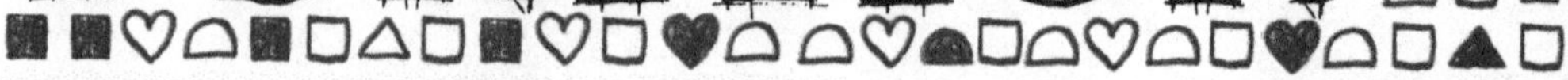

## COMPTE CES SYMBOLES

COMBIEN Y A-T-IL DE...?

- Carrés noirs ......
- Triangles ......
- Carrés blancs ......
- Cœurs noirs ......
- Symboles blancs ......
- Demi-cercles ......
- Symboles noirs ......

Colorie ces pages quand tu as été assez puni.

INTERDICTION ABSOLUE DE

RETOURNER

À LA PAGE

PRÉCÉDENTE

# ATCHOUM

À quoi ressemblerait cette page
si tu t'étais mouché dedans ?

# PERDU

Fabrique une affiche pour un truc idiot
que tu aurais perdu, par exemple un insecte,
un fantôme, une odeur ou ta voix.
N'oublie pas de proposer une récompense !

# L'ATELIER TATOUAGE

Dessine le tatouage que tu aimerais avoir.

Où le mettrais-tu ?

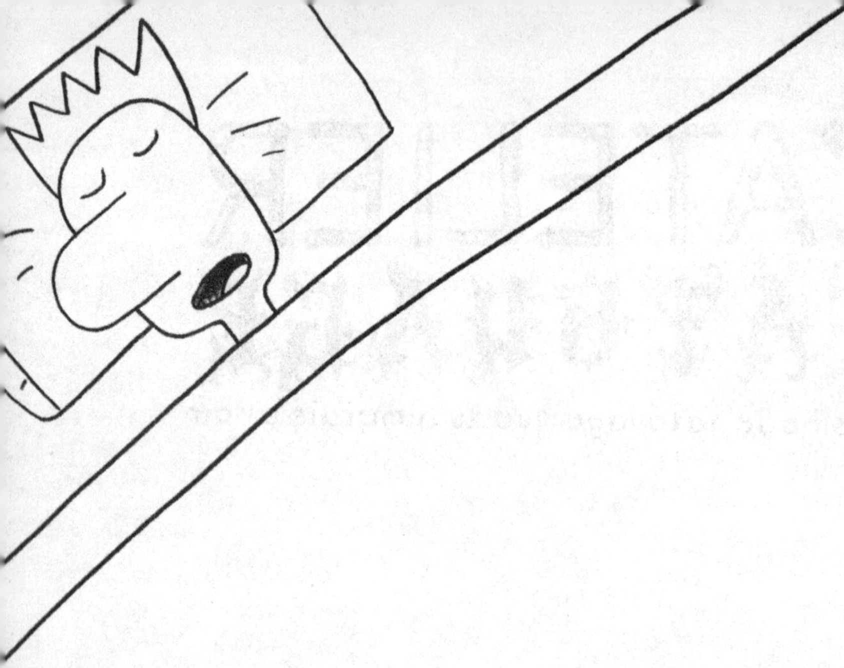

# PATCHWORK

Fabrique une couverture en patchwork sur ces pages : découpe des bouts de sac plastique, de carton, de magazines, de tissu ou de vêtements (mais pas la robe préférée de ta mère!) et colle-les ici.

# QUESTIONNAIRE

ACCROCHE CE LIVRE SUR UN PORTE-BLOC POUR AVOIR L'AIR PLUS SÉRIEUX, ET POSE CES QUESTIONS À TON ENTOURAGE (TU PEUX AUSSI EN INVENTER D'AUTRES). QUI SAURA Y RÉPONDRE ?

1. Quel est le contraire de « contraire » ?
2. C'est où, Pétaouchnok ?
3. Qui a volé l'orange du marchand ?
4. À quelle vitesse va la restauration rapide ?
5. Pourquoi le poulet a-t-il traversé la route ?
6. Qui a retrouvé le pain perdu ?
7. Est-ce qu'on peut bâiller en dormant ?
8. Combien coûte la peau des fesses ?
9. Si tu essaies de rater quelque chose et que tu réussis, est-ce que tu as raté ou réussi ?
10. Tu me prêtes ta voiture ?

FAIS UN DESSIN
SUR CETTE PAGE SANS
JAMAIS LEVER TON STYLO.

PLACE UN OBJET MOU

ÉCRASE-LE POUR TOUJOURS EN

ICI.

AGRAFANT CES PAGES.

# DE QUOI TU CAUSES?

Déchire des bouches dans des magazines.
Colle-les ici. Ajoute des bulles à côté :
qu'est-ce qu'elles racontent? Des blagues?

# QU'EST-CE QUE TU MATES ?

Déchire des yeux dans des magazines. Colle-les ici.
Dessine ce qu'ils regardent : des trucs bizarres, non?

Colle des céréales sur cette page. Ajoute des images découpées sur la boîte, et même des taches de lait si tu veux. Ce petit déj, c'est de l'art!

# CHOISIS TON NOM

Choisis un nom dans chaque colonne.

| PRÉNOM | NOM DE FAMILLE | SURNOM |
|---|---|---|
| Capitaine | Pigeon | Crâne-d'œuf |
| D.J. | Beau-gosse | Poing-d'acier |
| Empereur | Bigleux | Beurk! |
| Gras-du-bide | Max | Plume-poulet |
| G.P.T. | Jambe-de-bois | Premier |
| Vlad | Maboul | l'Invincible |
| Willy | Grands-pieds | Splatch |
| Super | N'a-qu'un-œil | Nid-de-guêpes |
| Agent | Gros-tas | du Slip |
| Sacré | Fesses-à-l'air | Fou-dingue |
| Madame | Camion-volé | Télé |
| Professeur | Tas-d'or | de l'Univers |
| Grand | Culotte | Petitcul |
| Major | Tornade | Van Damme |
| Sa Majesté | Hamburger | Tout-puissant |
| Néfertiti | Mollusque | l'Étoile |
| Princesse | Poil-aux-pattes | Tête-pourrie |
| Inspecteur | Cervelle | Parapluie |
| Xerxès | Thor | Numéro 2 |
| Sire | Génie | Varicelle |
| Lady | Costaud | Cuisses-de-fer |
| Docteur | Bougeotte | l'Andouille |

# CASIER JUDICIAIRE

Appose tes empreintes digitales ici :

DOIGTS DE LA MAIN GAUCHE

DOIGTS DE LA MAIN DROITE

ORTEILS DU PIED GAUCHE

ORTEILS DU PIED DROIT

Choisis l'une de tes empreintes,
et agrandis-la pour mieux voir son dessin.
Sers-toi des cases pour t'aider. Ajoute de la couleur si tu veux.

# MISE EN BOÎTE

Dessine des boîtes sur cette page. Dessine d'autres boîtes dans ces boîtes. Remplis-les, empile-les...

Montre-nous pourquoi.

# CHIRURGIE

À quoi ressemblerait cette page si elle avait été attaquée par des requins, puis recousue à l'hôpital ?

# COLLAGE ALPHABÉTIQUE

Trouve des bouts d'objets qui commencent par chaque lettre
de l'alphabet et colle-les dans leur case. S'il t'en manque, dessine-les!

| | | | | |
|---|---|---|---|---|
| A | B | C | D | E |
| F | G | H | I | J |
| K | L | M | N | O |
| P | Q | R | S | T |
| U | V | W | X | Y |

Z

# CHIFFRE MAGIQUE

Choisis un chiffre entre 1 et 10. Multiplie-le par 2. Retranche 5. Ajoute 20. Retranche 6. Multiplie par 145 782 939. Divise par 0. Laisse tomber. Décore cette page en la remplissant de chiffres.

IL Y A 4 SORTES DE GENS DANS LA VIE : CEUX QUI SAVENT COMPTER ET CEUX QUI NE SAVENT PAS.

SCOTCHE UN MESSAGE QUELQUE PART, LE PLUS DISCRÈTEMENT POSSIBLE.

À quoi ressemblerait cette page si des escargots l'avaient traversée ? Dessine des chemins de bave dessus, ou laisse-la dehors avec une feuille de salade pour appâter de vrais escargots.

# TRAVERSE CES PAGES

ROULE DESSUS AVEC DES PNEUS MOUILLÉS ET BOUEUX.

# À VÉLO

SI TU FAIS ÇA DEHORS, C'EST MIEUX !

# PAPIERS À DISTRIBUER

La personne qui lit ça est un(e) cul de vache

te **KIFFE** grave. ..................

Tu as gagné 0,00 euros. Viens les chercher à 15 h 30.

**MERCI DE GARDER CE PAPIER.**

J'AI TOUSSÉ SUR CE PAPIER.

LA RÉPONSE EST ..................

BRAVO, TU AS GAGNÉ
UN CADEAU !
Comment le récupérer :
Va au bout de la rue, agite les bras, crie « Je veux mon cadeau ! ». Pleure, danse… Tu lis toujours ? Alors écris à la reine d'Angleterre pour qu'elle t'envoie un caniche, et attends que ton cadeau sorte de son derrière.

tu **KIFFES** ..................

Invente tes propres messages.

# TOURNE SUR TOI-MÊME

ÇA Y EST, TU AS LE TOURNIS ?

Alors essaie de tracer des lignes droites ! Exerce-toi dans un endroit bien dégagé pour ne pas te cogner.

# FOIRE AUX BLAGUES

Relie chaque devinette à sa réponse. Colorie les formes que tu crées au passage. Attention, il y a une réponse en trop !

Quel est le comble pour un fantôme ?

Comment s'appellent les parents de l'homme invisible ?

Un hamsteroïde.

Qu'est-ce qui est vert et qui pousse au fond du jardin ?

Parce qu'ils surveillent leur ligne.

Au supermarché.

Du lait concentré.

Qu'est-ce qui fait 999 fois « tic » et une fois « toc » ?

Par quoi commence un bon repas ?

Comment appelle-t-on des chaussures d'enterrement ?

Avec quoi ramasse-t-on la papaye ?

Quel bruit fait la fourmi ?

Des touyous.

D'être dans de sales draps.

Qu'est-ce qui est jaune et qui court vite ?

Des pompes funèbres.

Que fait une vache qui réfléchit ?

Qu'est-ce qu'une catapulte à salade ?

Pourquoi les pêcheurs sont-ils maigres ?

Une grenouille qui fait caca.

Pourquoi Mickey mousse ?

Un raccourci.

Le hibou, parce que sa femme est chouette.

Un petit fien.

Qu'est-ce qu'un canif ?

Parce que Mario brosse.

Les transparents.

Comment appelle-t-on un rat sans queue ?

Avec une foufourche.

Un chou-marin.

Par la faim.

Un mille-pattes avec une jambe de bois.

Quel est le pluriel d'un petit-beurre ?

Elle crohonde.

Qu'est-ce qu'un rongeur dans l'espace ?

Un lance-roquette.

Où les superhéros font-ils leurs courses ?

Un citron pressé.

Quel est l'animal le plus heureux ?

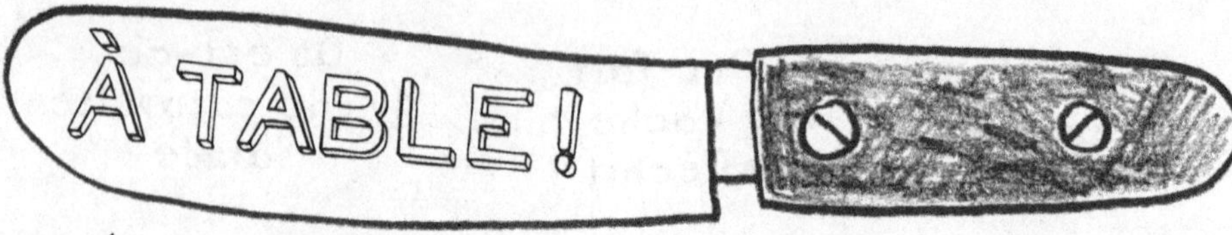


Plutôt que d'essuyer ton couteau à beurre sur du pain, essuie-le ici. Tu peux aussi rajouter un peu de confiture.

Crée un tableau en te servant de ce qu'on met à la poubelle d'habitude : des épluchures, des coquilles d'œuf, des bouts de toast brûlés, des restes de sauce... C'est de l'art culinaire ! Attention : ton tableau risque de moisir et de se dessécher. Prends des photos pour observer son évolution avant de devoir le jeter.

T'AS DE BEAUX ŒUFS, TU SAIS ?

# ÉMOTIONS

Note ce que tu ressens
au fil des jours.

Dessines-en
d'autres.

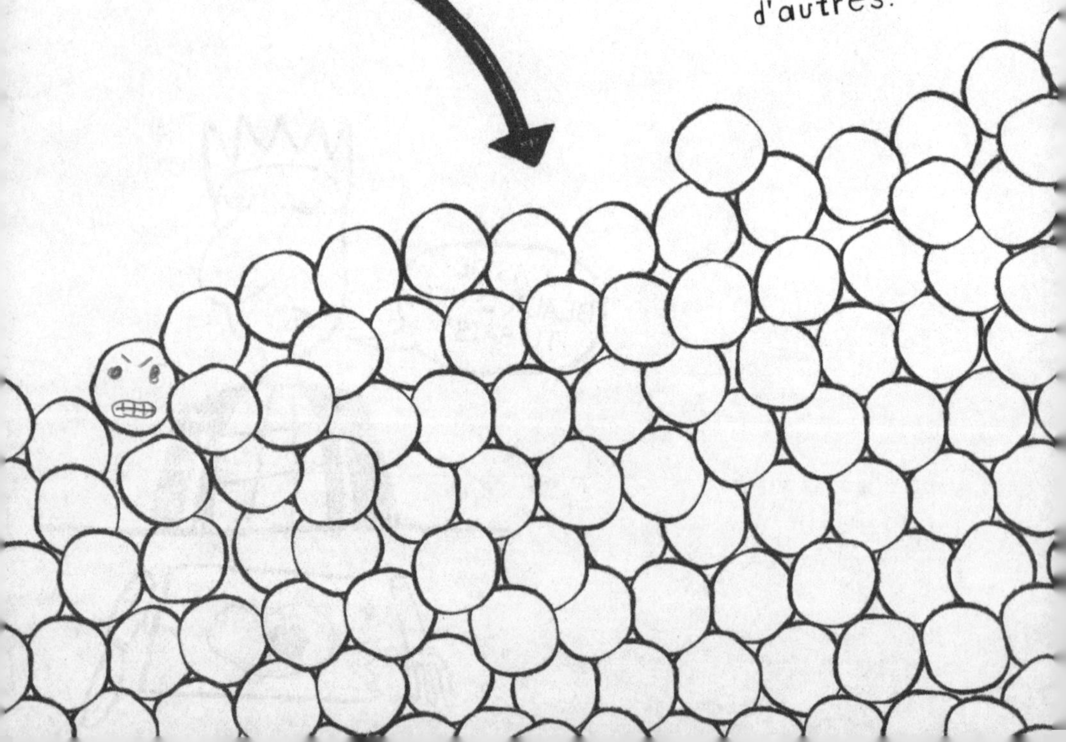

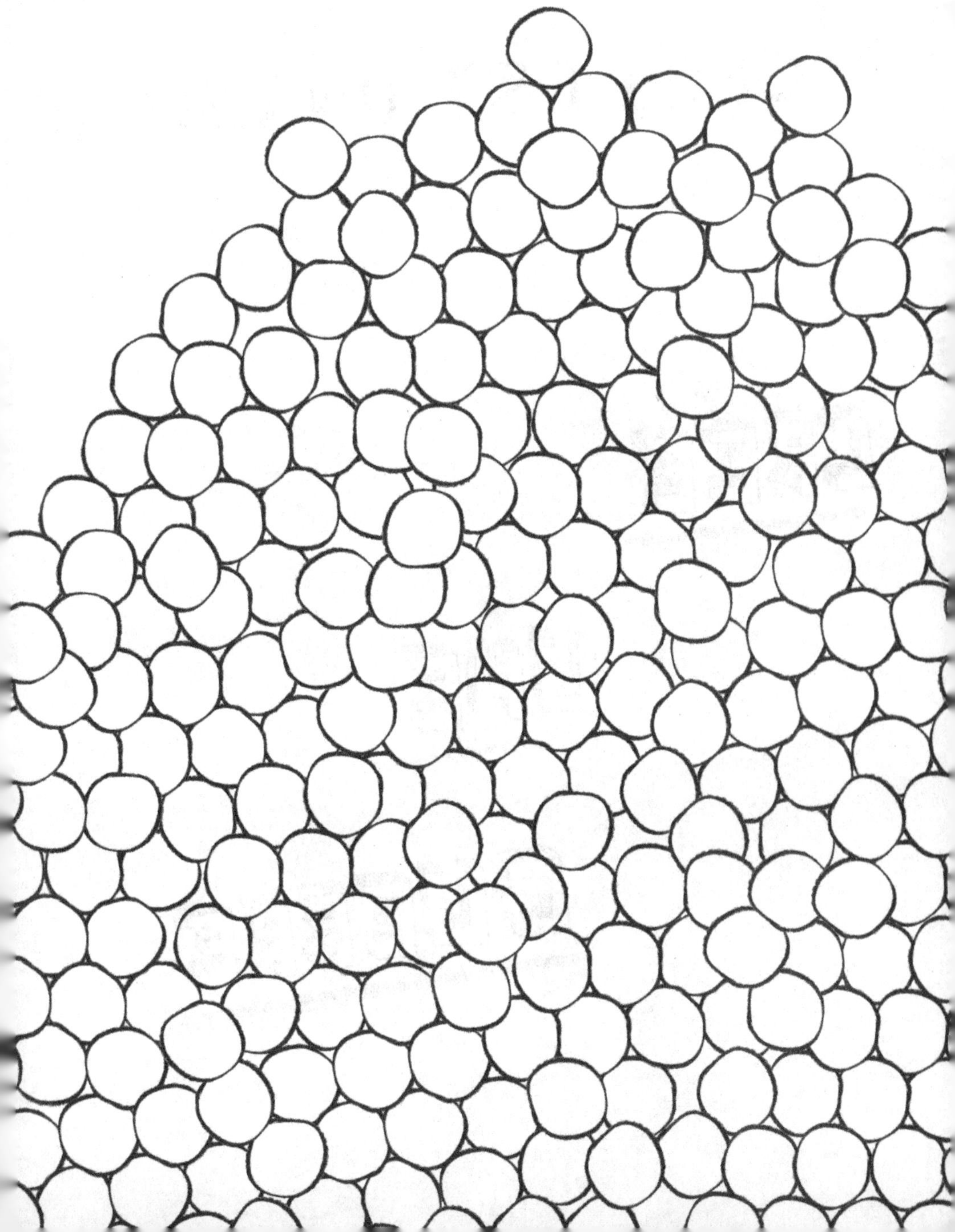

CECI EST UN CHAMP

CRÉE

UNE

GUERRE

DE BATAILLE...

DES COULEURS.

# C'EST LA FÊTE !

Colorie cette page. Déchire-la en tout petits bouts. Lance tes confettis !

# GUILI GUILI

Chatouille quelqu'un avec cette page :
colle des plumes dessus, fais des trous pour
agiter tes doigts à travers...

AGGRAVE LE DÉSASTRE : RAJOUTE DES MÉTÉORITES !

PLUIE DE MÉTÉORITES!

# LA PAGE DU TROC

Signe cette page. Si un de tes amis a un exemplaire de ce livre aussi, échange-la contre la sienne, que tu scotcheras ici.

. . . . . . . . . . . . . . . . . . . . . . . . . . . . . . . . . . . . . . . . . . . . . .

# REMPLIS CETTE PAGE de TRIANGLES

Où tu veux, comme tu veux.

Remplis cette page de choses que tu aimes :
des mots, des images...
Décore-la joyeusement.

# J'AIME PAS

Remplis cette page de choses que tu n'aimes pas :
des mots, des images...
Gribouille dessus avec des couleurs que tu détestes.

RECOUVRE CETTE PAGE
D'UNE GROSSE COUCHE
DE PEINTURE,

PUIS **FERME** LE LIVRE POUR

LAISSER UNE EMPREINTE **ICI**

Quand ton empreinte est sèche, ajoute-lui des yeux, des bras et des jambes.

# REFERME LE LIVRE EN FAISANT COMME SI

TA MAIN

ÉTAIT COINCÉE À L'INTÉRIEUR!

APPELLE À L'AIDE!

# UN POINT C'EST TOUT

Fais un dessin à partir de petits points – rien que des points !

# PRÉFÉRERAIS-TU...?

- éternuer à la fin de chaque phrase ?
- ou parler avec une voix de souris ?

- résister aux balles ?
- ou résister au feu ?

- avoir les pieds qui puent ?
- ou une haleine de cheval ?

- que tes parents t'habillent comme un bébé ?
- ou que ton prof principal sorte avec ta mère ?

- être privé de hamburger ?
- ou être privé de glace ?

- voler ?
- ou lire dans les pensées ?

- saigner du nez toute ta vie ?
- ou avoir le hoquet toute ta vie ?

- manger les crottes de nez de quelqu'un ?
- ou sa cire d'oreille ?

- être le meilleur de ta classe ?
- ou être champion de jonglage ?

- avoir des oreilles d'âne ?
- ou des yeux de poisson ?

- être la personne la plus riche du monde ?
- ou la plus belle ?

- combattre un ours ?
- ou combattre un lion ?

- avoir une barbe pleine de vers ?
- ou des cheveux pleins d'araignées ?

# WANTED

NOM ....................

CRIME ....................

RÉCOMPENSE ....................

Rédige un avis de recherche pour un criminel.
S'agit-il d'une personne réelle ou imaginaire ?
Est-ce qu'elle a commis un crime terrible
ou fait un truc idiot ? Qui était la victime ?
Quelle récompense offres-tu pour sa capture ?

GRIBO
SUR CE

UILLE
TE PAGE

# LE RAP INFERNAL

Finis d'écrire le rap en « yo yo yo »,
le morceau le plus répétitif et le plus énervant
du monde. Chante-le quand on t'aura interdit
de chanter la chanson en « la la la ».

Yo yo yo yo yo . . .

# C'EST CADEAU !

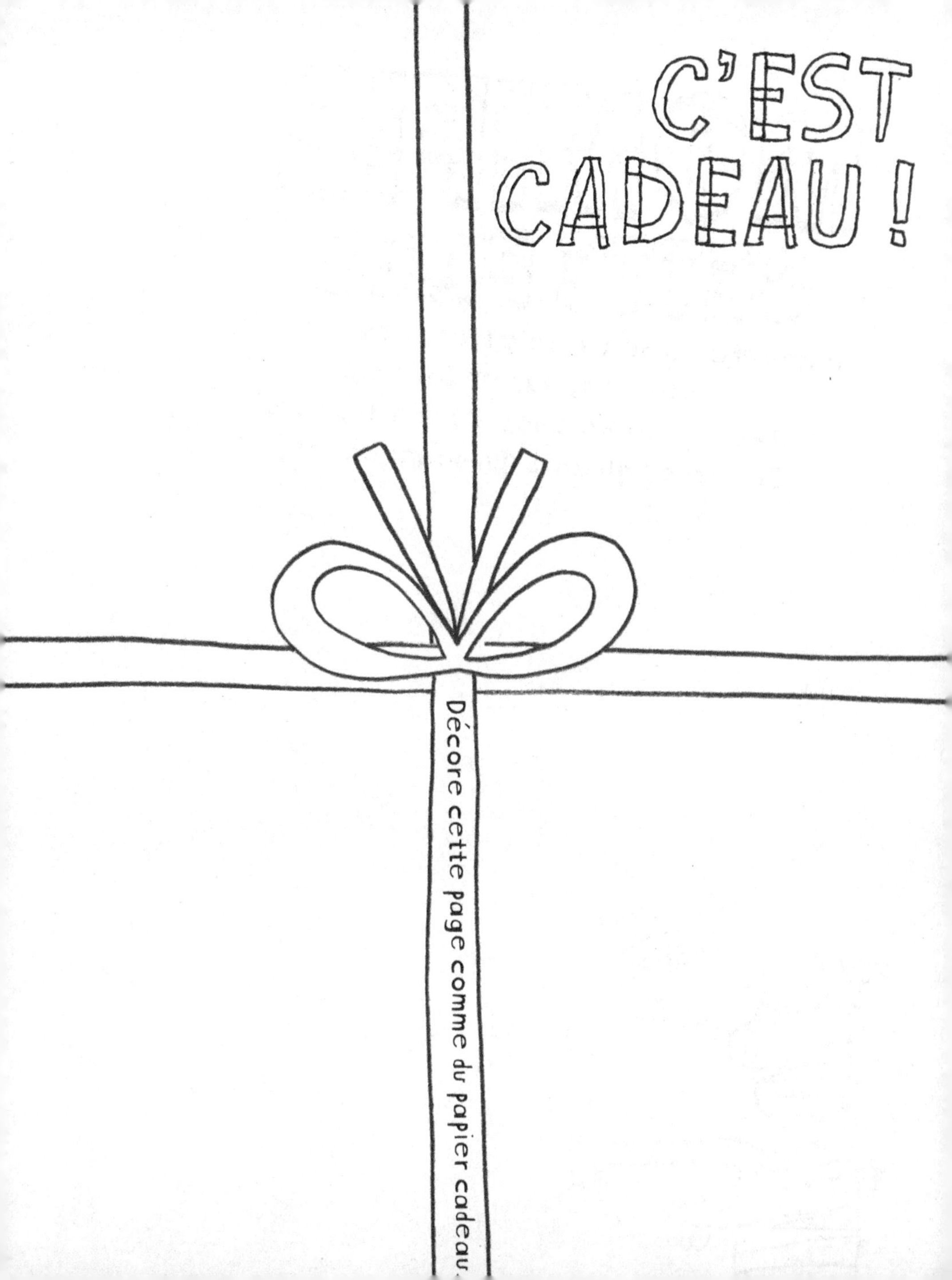

# MOMIFIE CETTE PAGE

Recouvre-la de bandelettes : dessine-les,
ou utilise du papier toilette.
Est-ce qu'on voit des yeux à travers ?
Des trucs gluants qui dégoulinent ?

Utilise ce livre comme chapeau. Lance une nouvelle mode à l'école !

Cette page est un paillasson.
Demande aux gens d'essuyer leurs pieds dessus quand ils arrivent. Crotte de chien interdite !

# BIENV

À qui appartiennent ces traces de pas ?
Demande à chaque personne de signer les siennes.

# ENUE

COLLE DES PÉPINS, DES GRAINES ET DU POLLEN ICI :

Mouille la page. Ajoute des graines de moutarde. Elles pousseront si tu les arroses régulièrement.

TU CONNAIS L'HISTOIRE DE LA PETITE GRAINE ?

# FAUX ONGLES

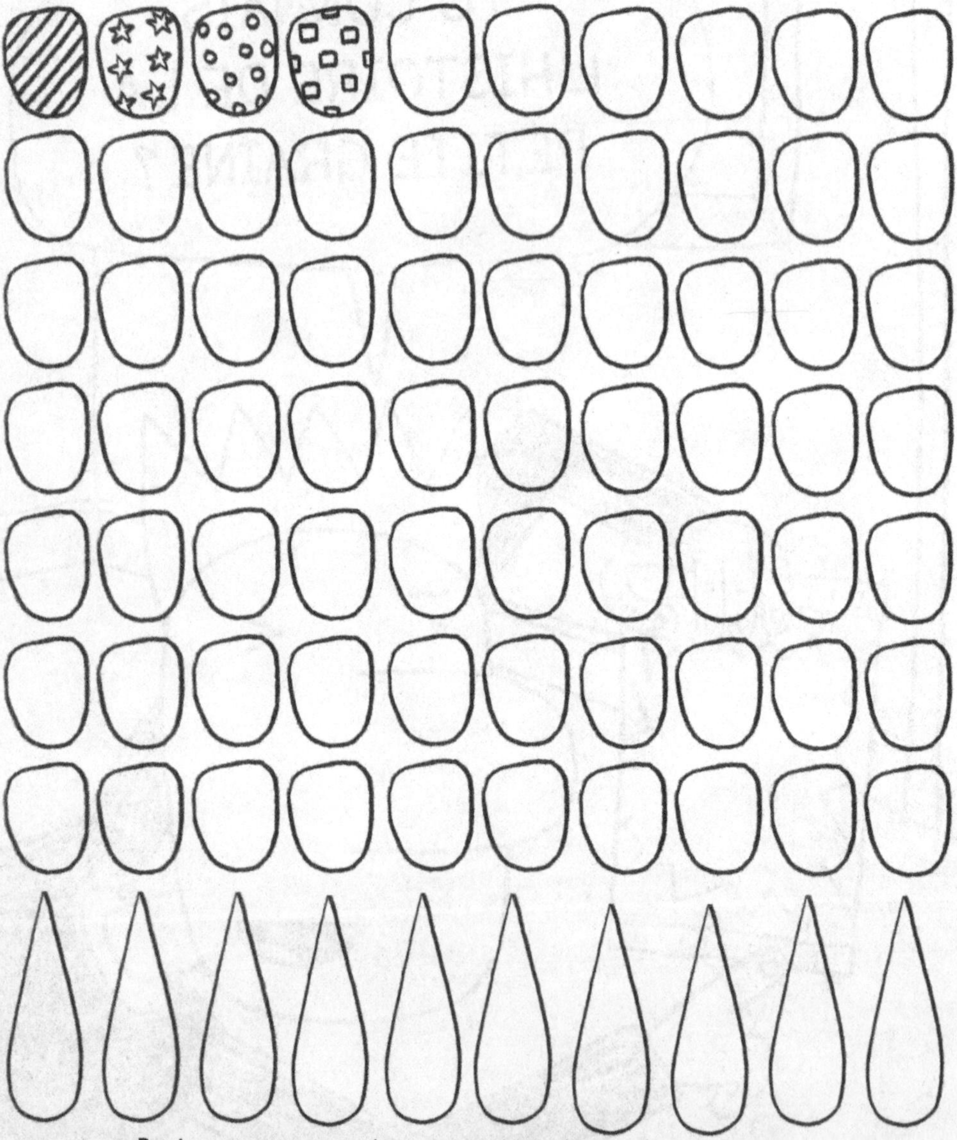

Peins ces ongles, rends-les plus beaux,
ou transforme-les en griffes cradingues.

# DÉCORE

CETTE PAGE COMME TU VEUX.

# CAMOUFLE CETTE PAGE

Cache-la avec de la peinture, des feuilles, de la boue, de l'herbe, des brindilles...

JE VOULAIS ACHETER UNE TENUE DE CAMOUFLAGE... MAIS JE NE L'AI JAMAIS TROUVÉE !

ÉCRIS UN SECRET SUR CETTE PAGE : UNE CHOSE QUE TU CACHES AU FOND DE TOI.

ENTERRE-LA !

DESSINE UNE CARTE AU TRÉSOR :
FAIS UNE CROIX À L'EMPLACEMENT DE TON SECRET.

Salis ta carte avec du thé ou du café pour la vieillir.

# avis de tempête

Crée une œuvre d'art aérienne : souffle sur de la peinture avec une paille, envoie des bulles de savon sur ces pages, ou recouvre-les de colle et tiens-les face au vent pour voir ce qui s'y accroche !

HOULA !

# FABRIQUE UN ÉVENTAIL

Colorie cette page.
Plie-la dans un sens puis
dans l'autre, encore
et encore, jusqu'à former
un éventail comme celui-ci :

# LA PAGE DU FAN

Dédie cette page à une chose ou une personne que tu ADORES : une équipe de foot, une célébrité, ton père, ta mère, un endroit, toi-même...
Laisse éclater tout ton amour à travers des dessins et des collages !

OUBLIE
DÉFENSE
D'ÉLÉPHANT

Regarde attentivement ces pages. Referme le livre, puis essaie de t'en souvenir. Combien d'images te reviennent en tête ? Remplis les cases vides et réessaie plusieurs fois. Tu verras comme ta mémoire s'améliore !

# LA PAGE DES LA

Découpe le mot LA dans des magazines et des journaux, et rassemble ta collection ici.

Ce mot fonctionne bien parce qu'il est facile à trouver, mais si tu préfères en chercher d'autres, comme **DÉBILE**, **DAUPHIN**, ou **DENDROCHRONOLOGIE**, pas de problème !

La **DENDROCHRONOLOGIE** est la méthode qui permet de calculer l'âge des arbres.

# BOMBE À EAU

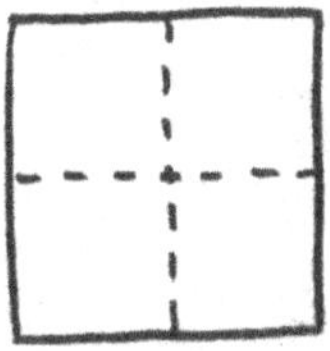

1. Plie une feuille carrée en 2 horizontalement, puis verticalement, et rouvre-la.

2. Retourne la feuille. Plie-la le long des 2 diagonales, puis rouvre-la.

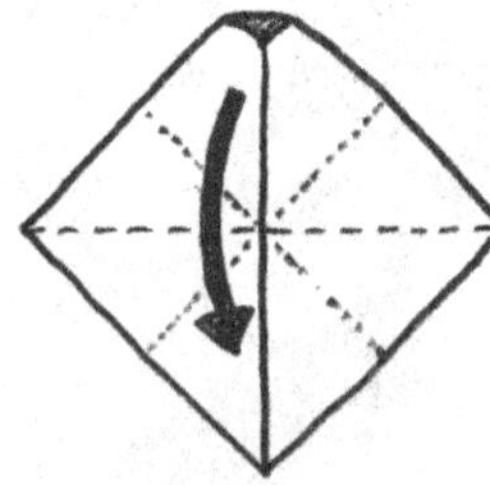

3. Rabats la pointe supérieure sur la pointe inférieure.

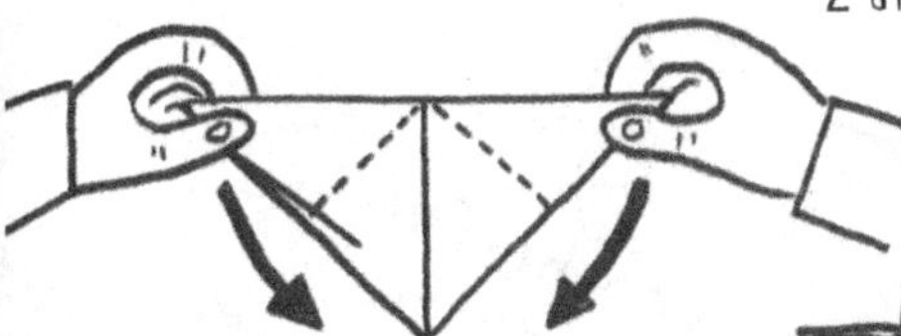

4. Prends les deux coins et pousse-les jusqu'à arriver à l'étape 5.

5. Aplatis bien le papier.

6. Rabats les pointes de la couche supérieure (A et B) vers la pointe C.

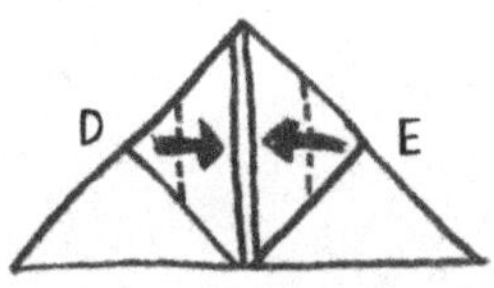


7. Rabats les pointes de la couche supérieure (D et E) vers le milieu.

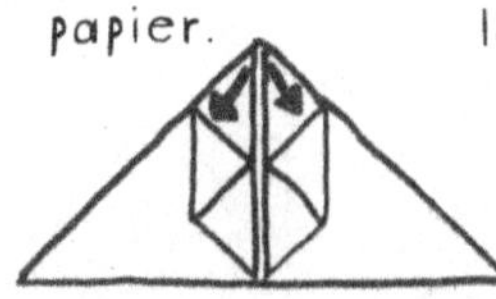

8. Cache les pointes qui dépassent dans les poches triangulaires formées à l'étape 7.

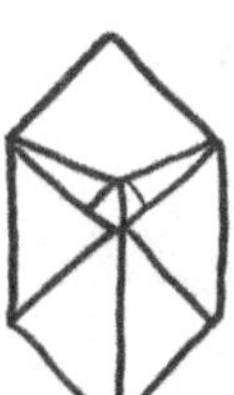

9. Retourne le papier. Répète les étapes 6, 7 et 8. Ça doit ressembler à ça.

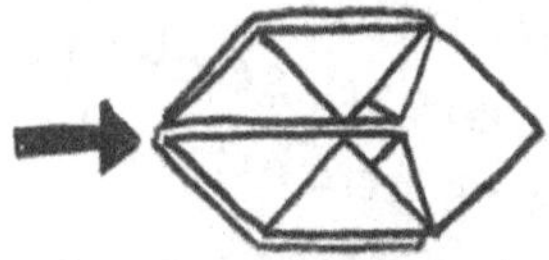

10. Souffle dans le petit trou au bout pour gonfler la bombe.

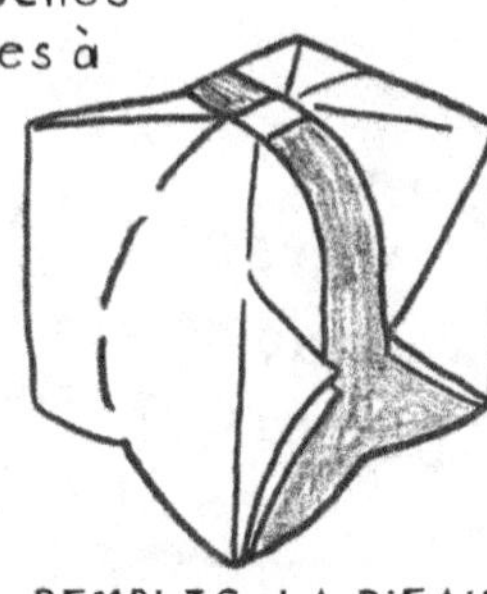

REMPLIS-LA D'EAU!

# GROS PÂTÉS

Place un chiffon derrière cette page.

Verse de la peinture et de l'eau dessus. Laisse sécher. Décore avec des taches et des traces de doigt.

# TOUT

ce que tu écris ou dessines ici se RÉALISERA.

# LE JOURNAL STUPIDE DES ÂNERIES DE LA SEMAINE

Note tous les trucs idiots que tu as faits, vus, entendus ou dits pendant une semaine.

LUNDI

MARDI

MERCREDI

JEUDI

VENDREDI

SAMEDI

DIMANCHE

DEMANDE À TOUS TES AMIS DE SIGNER
OU D'ÉCRIRE UN PETIT MOT ICI.
Grâce à ces pages, tu ne les oublieras jamais.

# FAIS-TOI UNE BEAUTÉ

Fabrique un masque avec du chocolat, de la boue, de la purée d'avocat...

# CE LIVRE EST UNE RAQUETTE

Essaie d'envoyer le plus **LOIN** possible :
une boule de papier,
une feuille morte,
une tomate pourrie.
Essaie d'envoyer le plus **HAUT** possible :
une plume,
un œuf dur.

Combien de rebonds peux-tu faire avec une pomme ?

Emporte ce livre dehors.
Invite un ami à jouer au badminton ou au ping-pong avec.

# EN COLIMAÇON

Remplis cette page de spirales : fais-en des grandes, des petites, peins-les, dessine-les, colle-les, découpe-les...

Déchire la plus longue spirale possible.
Accroche-la chez toi.

# BULLETIN SCOLAIRE

À ton avis, qu'est-ce que tes profs écriraient sur toi ?

Ton prof préféré : ..............................

Le prof à jeter à la poubelle : ......................

AS-TU DÉJÀ...

- ○ ronflé en classe ?
- ○ oublié tes affaires de sport ?
- ○ fait semblant d'être malade pour sécher les cours ?
- ○ copié ?
- ○ été félicité ?
- ○ été renvoyé d'un cours ?
- ○ eu un « accident » ?
- ○ cherché refuge dans les toilettes ?

TES POINTS FORTS :

- ○ Orthographe
- ○ Les potes
- ○ Sciences
- ○ Ponctualité
- ○ Théâtre
- ○ Musique
- ○ Sport
- ○ Art
- ○ Humour
- ○ La tchatche
- ○ Maths
- ○ Échapper aux punitions
- ○ La mode

Ta meilleure excuse pour pas faire tes devoirs ?

Quel métier voudrais-tu faire plus tard ?

# LES PIRES PHOTOS DU MONDE

Colle les photos les plus moches que tu trouves.

CHEESE!

# CRÉE TON PROPRE PAYS.

D'ABORD, DESSINE TON DRAPEAU.

Accroche-le sur un mât.

Écris les règles de TON pays :

------------------------------------

------------------------------------

------------------------------------

------------------------------------

------------------------------------

Écris le nom des gens qui n'ont pas respecté les règles et sont bannis à tout jamais :

# BEAU ET BON

Fais un joli collage avec des emballages de bonbons.
C'est une bonne excuse pour en manger !

SI J'ÉTAIS POLICIER, JE POURRAIS ARRÊTER LES BONBONS...

# TRANSFORME CETTE PAGE EN SARBACANE

Lance des boulettes de papier.

FABRIQUE UNE

# PAGE POILUE.

Ajoute de la laine, des cheveux, de la ficelle, du coton...

# LA PAGE SANS FIN

Ici, tu peux rajouter des choses tous les jours, modifier tes dessins, les effacer complètement... Cette page changera selon ton humeur : elle ne sera jamais terminée.

# DESSINE DES MOTS

Dans ce livre, certains mots sont écrits d'une manière qui reflète leur sens – comme **MIGRAINE**, **DÉGOULINE** ou **RAYURES**. Trouves-en d'autres à dessiner, ou bien essaie ceux-là : **SPLOTCH, CRAC, BANG, JOLI, MOU, BOUTONNEUX, CRADO**.

# CONSTRUIS UNE PYRAMIDE DE BONSHOMMES

# À QUOI RESSEMBLERAIS-TU SI TU ÉTAIS UNE FLEUR ?

# À TES OUTILS

Dessine un bâtiment dans lequel tu aimerais vivre.

# COLLEC' DE MIETTES

Scotche des miettes ici.

# PEINTURE AU GROIN

Peins en te servant uniquement de ton nez.
Mets les mains derrière le dos et rapproche
ton visage de la feuille : fais des points
et des traits avec le bout de ton nez,
des aplats de couleur avec les côtés.

ÇA M'EN MOUCHE UN COIN !

# ET LES GAGNANTES SONT...

Colorie ces rosettes pour récompenser tes pages préférées : la première, la deuxième, et la treizième.

# ÉCOUTE UN PEU...

Écris les paroles d'une chanson que tu aimes. Décore-les selon ton humeur, puis illustre-les avec des images qui te viennent quand tu écoutes cette chanson.

# LA PAGE PARLANTE

Transforme une page de ce livre en marionnette de ventriloque.

1. Plie la feuille en 2.

2. Recommence.

3. Ça doit ressembler à ça.

4. Marque un pli au milieu, puis rouvre la feuille.

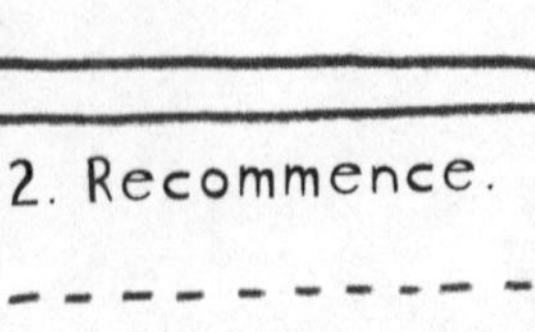

5. Rabats les deux côtés sur le milieu.

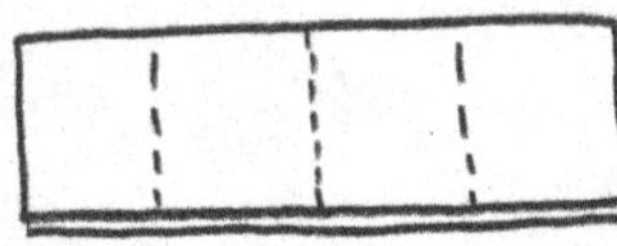

6. Ça doit ressembler à ça :

7. Redresse le papier en le pliant au milieu, puis glisse tes doigts dans les ouvertures en haut et en bas.

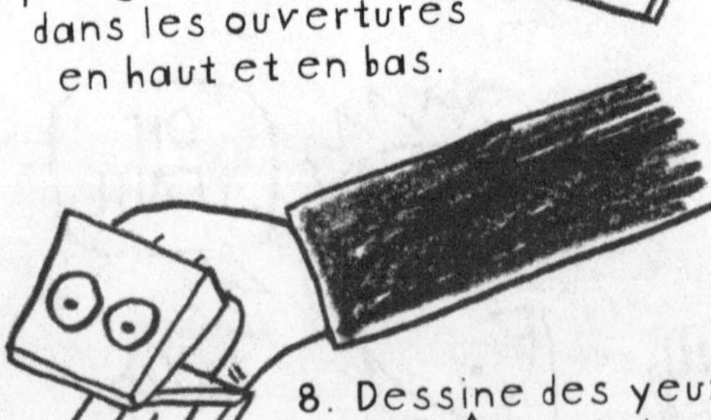

8. Dessine des yeux ou une tête rigolote. Décore ta marionnette.

## APPRENDS À PARLER SANS BOUGER LES LÈVRES.

Certains mots sont plus faciles à prononcer que d'autres. Ouvre un peu la bouche, et sans la bouger, dis les voyelles : A, E, I, O, U. C'est fastoche !

Maintenant, essaie ces consonnes : B, F, V, P, M. C'est impossible ! Les ventriloques les remplacent par d'autres consonnes : B devient D, F et V deviennent S, P devient T, M devient N.

Par exemple : « balle » devient « dalle »,
« fou » devient « sou »,
« valise » devient « salise »,
« pâte » devient « tâte »,
« maman » devient « nanan ».

Le public ne remarque rien parce qu'il est trop occupé à regarder la marionnette.

Entraîne-toi face à un miroir. Ouvre la bouche de ta marionnette à chaque syllabe.

# MÉLI-MÉLO

Amuse-toi à mélanger ces images.

Dessine le résultat ici :

# GOINFRERIES

Fais un trou dans cette bouche. Donne-lui tout ce que tu veux à manger : des aliments, de la peinture, des objets, des mots, des crayons, des stylos, des magazines, des trombones, des idées...
Note ce qu'elle a avalé sur cette page.

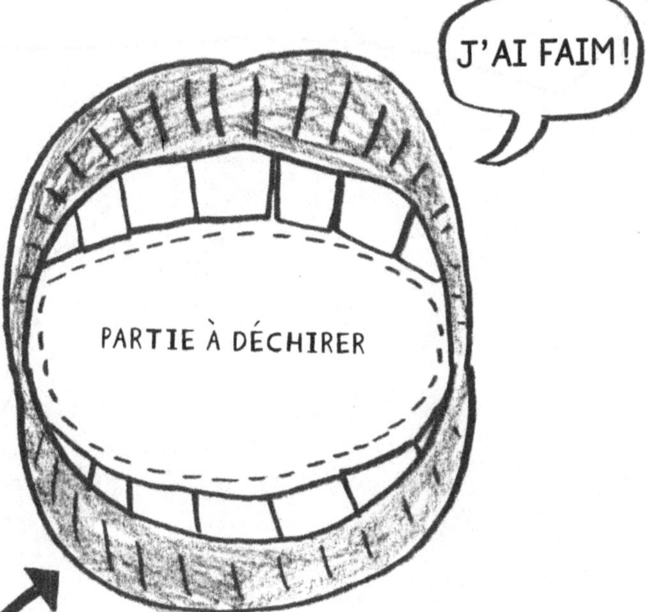


Dessine de la bave ou du jus qui coule

# DIGESTION

BLURP!

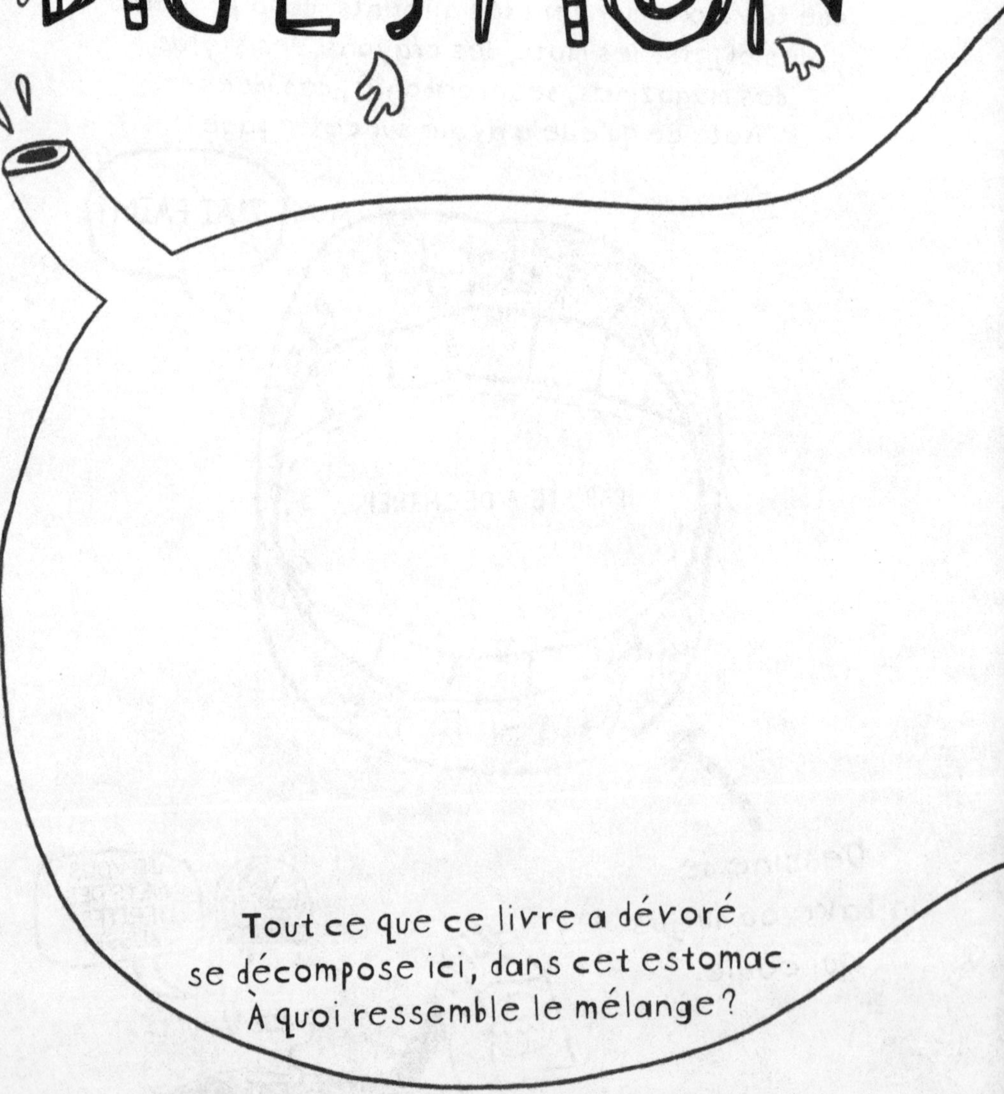

Tout ce que ce livre a dévoré
se décompose ici, dans cet estomac.
À quoi ressemble le mélange ?

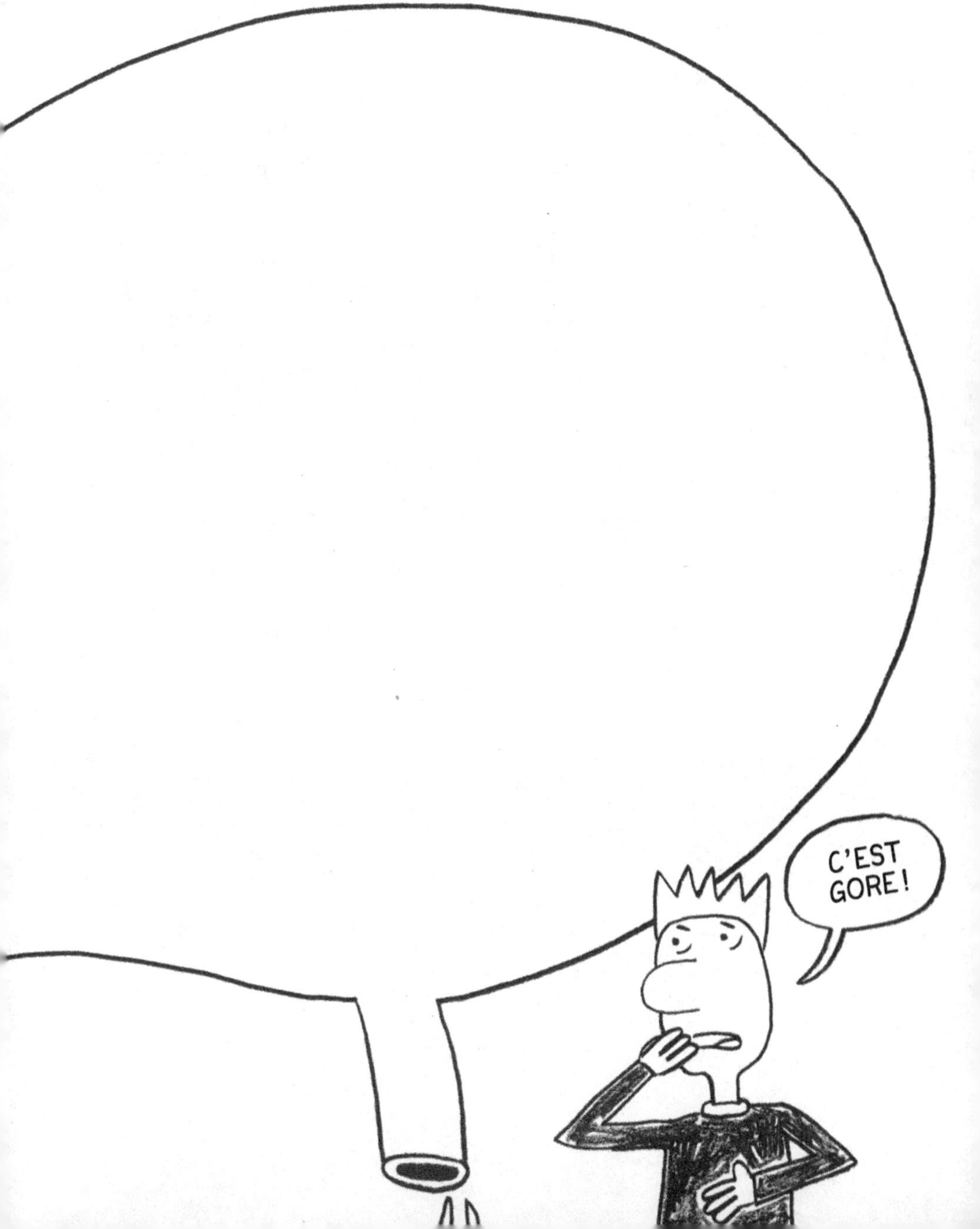
C'EST GORE !

# POST-IT

Recouvre cette page de post-it, dessine dessus, puis recolle-les dans un autre ordre.

# SCOTCHÉ

Crée un tableau avec des bouts de scotch :
utilise plusieurs couleurs, plusieurs tailles,
ou bien décore du scotch transparent ;
scotche des objets pour ajouter du relief.

# T'AS DU STYLE!

Décore ton tee-shirt. Ajoute un slogan.

# NOIR ET BLANC

Remplis cette page de choses noires et blanches.
**INTERDIT DE COLORIER!**

# TENDS L'OREILLE

Dans ces deux bulles, note un bout de conversation que tu as entendu en classe, chez toi ou à la télé. Ensuite, choisis deux objets que tu vois autour de toi et dessine-les sous chaque bulle.

Tu n'as plus le droit de parler pendant une heure !
Utilise cette page pour communiquer avec les autres.

# BONNES ONDES

Éparpille des choses sur cette page : des miettes de gâteau, les lettres de ton prénom, etc. Dessine des ondes autour de chaque élément, jusqu'à ce qu'elles se rejoignent et remplissent toute la page.

TRACE LE CONTOUR
DE TA MAIN GAUCHE
AVEC TA MAIN DROITE.

Mets quelque chose de
Et plof,

TRACE LE CONTOUR
DE TA MAIN DROITE
AVEC TA MAIN GAUCHE.

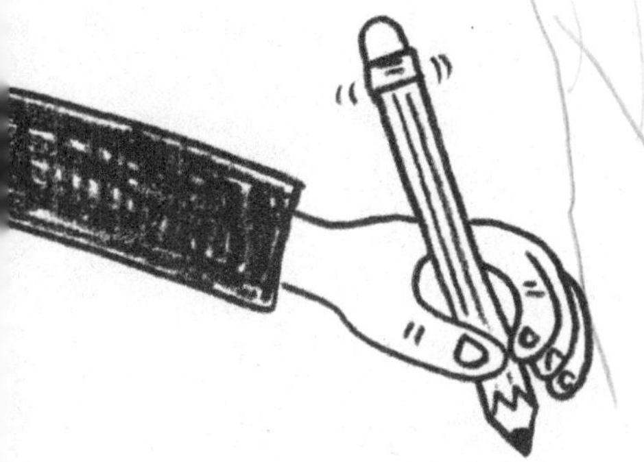

mou dans chaque main.

referme le livre!

# ARC-EN-CIEL

Les yeux fermés, déchiquette des pages de vieux magazines.

Maintenant, trie les bouts de papier par couleur.
Colle-les ici en formant un dégradé : commence avec du rouge puis passe à l'orange, au jaune, au vert, au bleu et au violet.

# PASSE L'ÉPONGE

Amuse-toi à peindre avec une éponge.
Frotte-la, tamponne-la, jette-la sur ces pages!

C'EST DU PROPRE !

Un jour, quand tu seras
célèbre, ce livre
où tu as écrit et dessiné
vaudra des millions.

Essaie de vendre cette page à quelqu'un,
en lui expliquant que c'est un bon investissement.
Dessine quelque chose qui lui plaira : utilise
ses couleurs préférées ou fais son portrait.
Puis signe ton œuvre et échange-lui contre
de l'argent. Même si ce n'est qu'un centime,
ça prouvera que tes créations valent quelque chose !

# Une minute... PARTEZ !

Dessine chaque élément de la liste autant de fois que tu peux en une minute :

Une étoile

Un bonhomme

Un arbre

Une araignée

Une souris

Un chat

Un monstre

Une voiture

Un immeuble

Un piège

Une invention

PENSE À UNE PIÈCE DE TA MAISON.
DESSINE-LA DE MÉMOIRE.

Va voir si tu t'en es bien sorti.

Maintenant, redécore cette pièce et rajoute des objets à l'intérieur pour la rendre BEAUCOUP PLUS INTÉRESSANTE.

# À FAIRE UN JOUR DE PLUIE

Peins ce que tu vois par la fenêtre. Mets cette page sous la pluie pour que les couleurs s'étalent, puis laisse-la sécher.

ÇA MOUILLE !

ESSAIE
DE
DÉCHIRER
CETTE
PAGE

EN
9,5
BOUTS

# Votre ATTENTION S.V.P. !

Dessine une affiche si grande et si colorée que **TOUT LE MONDE** la remarquera. Tu peux y écrire une annonce, un slogan, un avertissement, une publicité ou juste un mot.

Garde cette page pour une occasion spéciale : quand une idée géniale te viendra, ou que tu t'ennuieras mortellement. Ou quand tu auras vraiment envie de recommencer à t'amuser avec ce livre.

# CALCULE :

LA TAILLE DE CE LIVRE ..........

TA TAILLE ..........

LE POIDS DE CE LIVRE ..........

TON POIDS ..........

COMBIEN DE GENS ONT TOUCHÉ CE LIVRE ..........

COMBIEN DE PRÉNOMS IL Y A DEDANS ..........

COMBIEN IL T'A COÛTÉ ..........

CE QU'IL T'A APPRIS ..........

JUSQU'OÙ TU L'AS EMMENÉ ..........

COMBIEN DE PAGES IL CONTIENT ..........

COMBIEN DE PAGES TU AS TERMINÉES ..........

DEPUIS COMBIEN DE TEMPS TU L'AS ..........

JUSQU'OÙ TU ARRIVES À LE LANCER ..........

COMBIEN DE CHOSES TU AS ÉCRITES DEDANS ..........

COMBIEN DE TES AMIS L'ONT VU ..........

À QUEL POINT IL EST COOL ..........

À QUEL POINT TU ES COOL ..........

LE NOMBRE DE FOIS OÙ ON T'A DISPUTÉ ..........

LE NOMBRE DE FOIS OÙ C'ÉTAIT JUSTIFIÉ ..........

Pendant que tu réfléchis, colorie tous les « O » de cette page.

# COLORIE CES CASES!

# RENDS-LES UNIQUES.

# ART EN SAUCE

Fais un dessin à base de ketchup – ou de sauce barbecue, ou de moutarde si tu préfères.

# ÇA SENT LE CACA !

Un monstre affamé a dévoré tout ton matériel : tes stylos, ta peinture, ton papier, tes crayons... Absolument tout !

À quoi ressemblerait cette page s'il avait fait caca dessus ?

# VICTOIRES IMAGINAIRES

Écris ou dessine ce qui s'est passé le jour merveilleux où…

tu as gagné une médaille d'or.

tu es passé à la télé.

tu……………………

Écris ou dessine
ce qui s'est passé
le jour affreux où...

# CATASTROPHES IMAGINAIRES

tu as vomi en classe.

tu as oublié tes vêtements.

tu..................................

# PARTAGE CES PAGES

Rassemble autant de monde que possible.
Dessinez tous en même temps sur ces pages,
jusqu'à ce qu'elles soient pleines.

# DISPUTE FÉROCE

Choisis deux outils différents, par exemple un stylo et un pinceau. Fais-les se disputer à coups de traits et de gribouillis. Dessine les bruits de la bagarre.

# ÇA DÉPOTE !

Fabrique un pot pour y mettre tes crayons, tes pinceaux ou même de l'eau. Il ne durera pas longtemps avec de l'eau dedans, et si tu as peint le papier, ne la bois surtout pas !

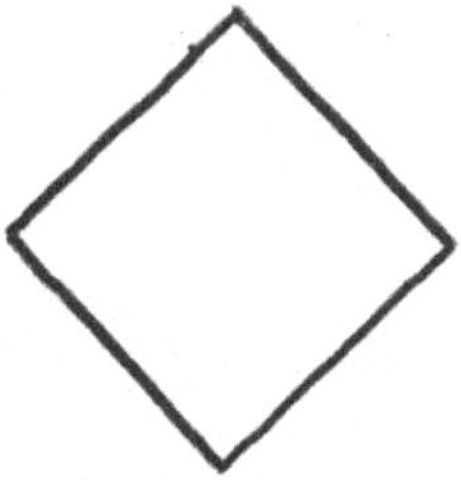

1. Décore une feuille carrée d'environ 15 cm de diagonale, puis retourne-la.

2. Plie-la en triangle, face décorée visible.

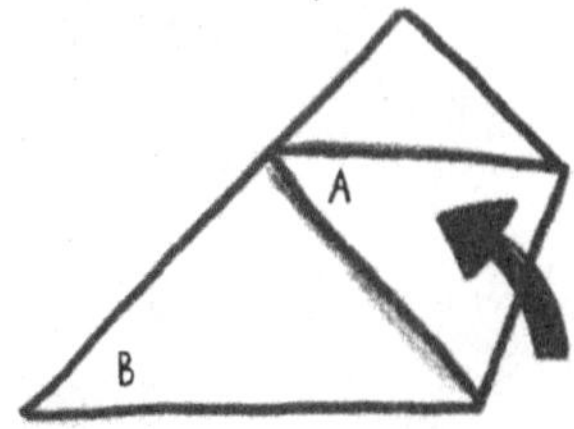


3. Rabats la pointe A vers le bord opposé, à un angle d'environ 90°.

4. Rabats la pointe supérieure de la première couche vers le bas.

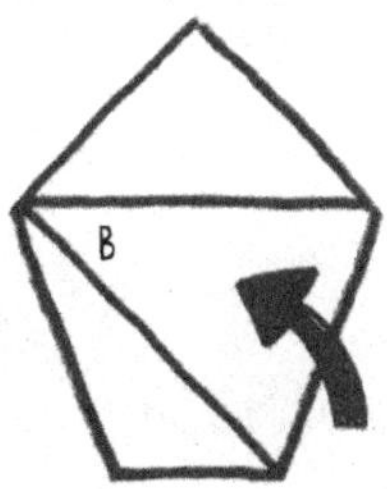


5. Retourne la feuille et rabats la pointe B vers le bord opposé.

6. Replie la pointe supérieure de la couche restante.

7. Écarte l'ouverture. Remplis le pot.

# ÇA DÉTONNE

Dessine ou découpe des images qui ne vont pas du tout ensemble et rassemble-les sur cette page. Il faut que ça fasse MAL aux yeux !

# T'EN TIENS UNE COUCHE

Déchire des grands bouts de prospectus.

Colle-les sur cette page, couche après couche.

Puis déchire des bouts ici ou là pour que

ça ressemble à un vieux panneau publicitaire.

# STAND DE TIR

Emporte ce livre dehors. Remplis un pistolet à eau de gouache... et peins! Lance un défi à un ami : qui visera le mieux?

HAUT LES MAINS !

# LA PAGE TRISTOUNETTE

Écris ici toutes les pensées tristes qui te viennent. Décore-les pour les rendre plus gaies. Sers-toi de cette page pour sécher tes larmes.

# DOIGT DEVANT

Sers-toi de ce doigt pour montrer le chemin, montrer un objet ou démontrer quelque chose

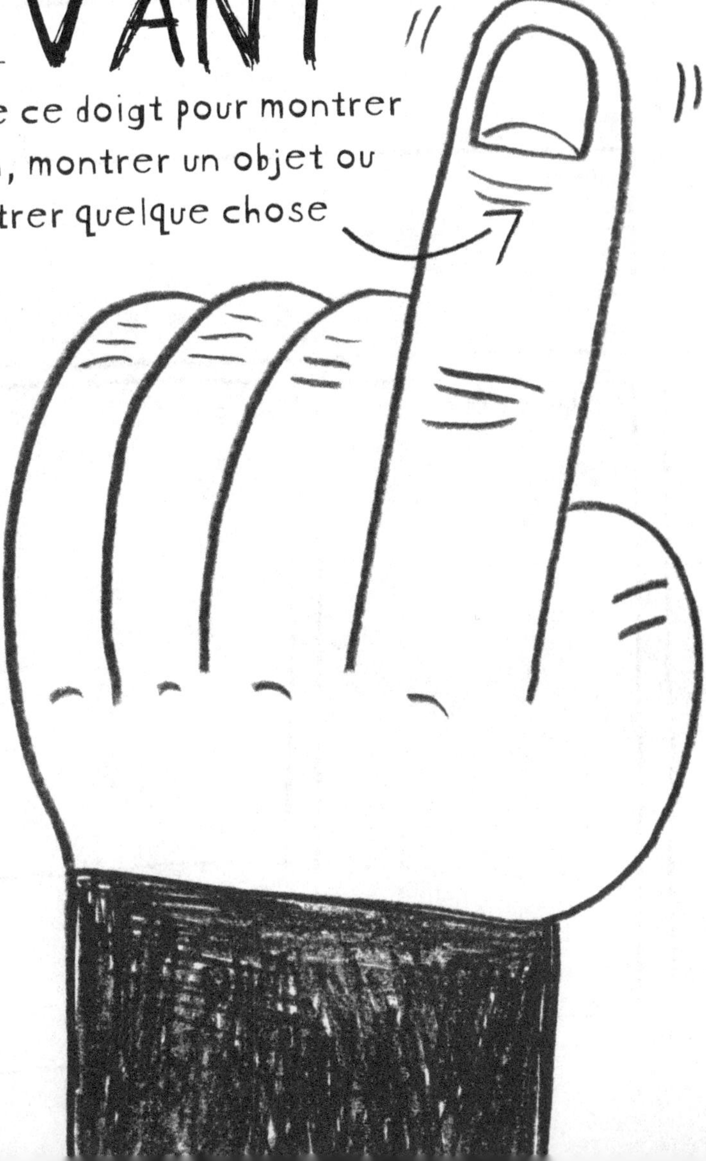

ÉCRIS UN ARTICLE POUR RACONTER UNE HISTOIRE QUI T'EST ARRIVÉE. RAJOUTE UN TITRE ET UNE PHOTO.

Nom du journal :

Titre :

Ce qui s'est passé :

Photo :

QUOI QU'IL ARRIVE, JE RESTE À LA PAGE !

DÉCORE CES MARQUE-PAGES.

Utilise-les pour repérer la page où tu es, la page la plus immonde et la page la plus débile.

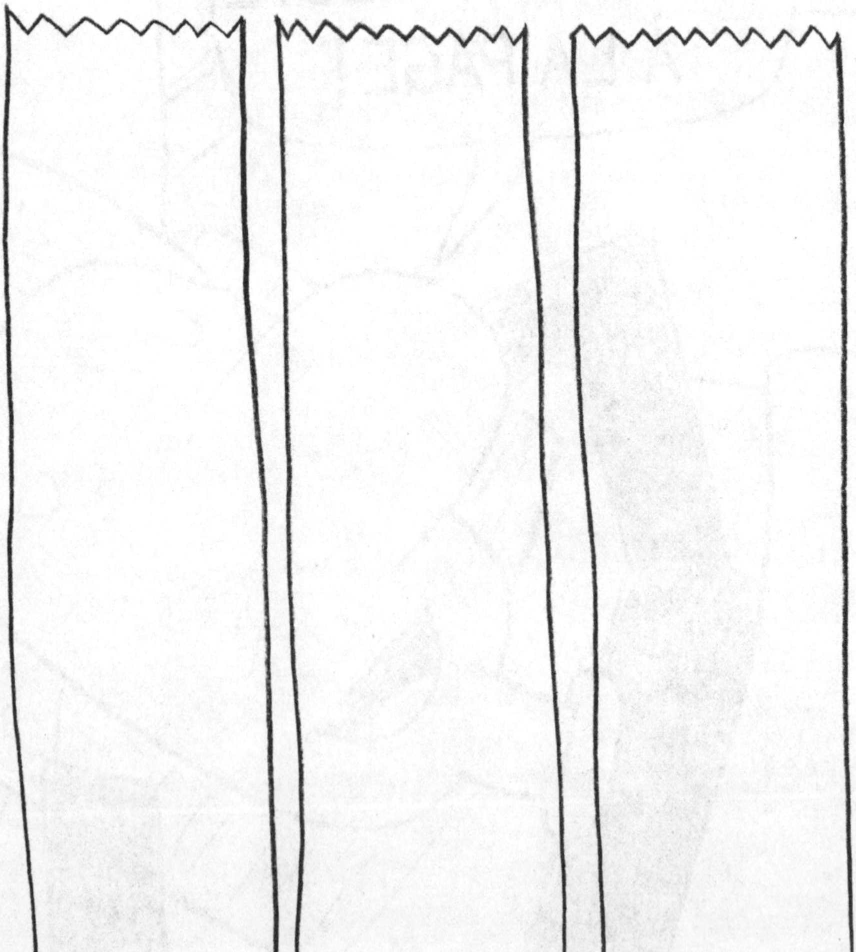

Fabrique une nouvelle couverture et colle-la au dos de ce livre. Invente un titre. Tu peux être l'auteur, si tu veux !

Retourne le livre et mets-le à l'envers. Fais croire aux autres que c'est un autre livre.

# OEIL DE

# LYNX

Sauras-tu repérer les différences entre ces deux pages ? (Réponse en dernière page.)

Par exemple : un chat aux pattes mouillées,
un chien, les puces du chien...
Tu peux aussi lâcher un rot ou un pet!

SAUVE QUI PEUT!

# À CHAQUE JOUR SON NŒUD PAPILLON

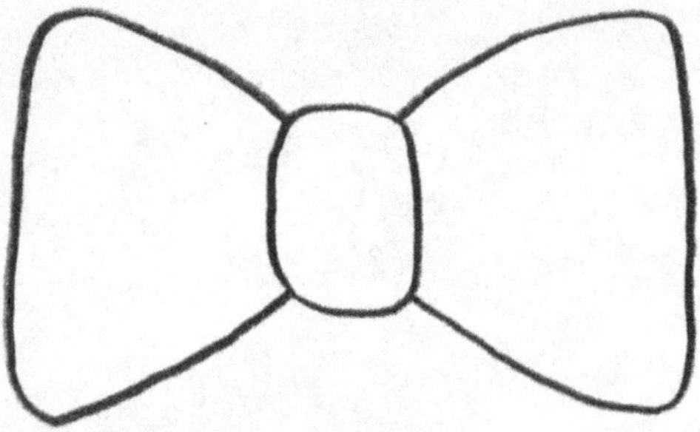

Peaufine
ces nœuds pap.
Décore-les comme
tu veux.

# MAQUILLE CE VISAGE

Mets-lui des peintures de guerre, du fard à paupières...

C'EST IMMONDE!

Rends ces pages cradingues.
Mets-y tout ce qui te dégoûte.

# TOUR DE MAGIE

Le papier déchiré qui se répare tout seul !

Commence avec deux feuilles de papier identiques (la feuille 1 et la feuille 2).

Roule la feuille 1 en boule. Cache-la derrière le coin de la feuille 2 avec ta main gauche. Montre la feuille 2 au public en disant : « Je vais déchirer cette feuille et la réparer par magie ! »

Avec la main droite, déchire la feuille 2 en plusieurs bouts que tu mettras dans ta main gauche, en les plaçant devant la feuille 1 roulée en boule.

Froisse les bouts de papier pour former une deuxième boule devant celle que tu caches.

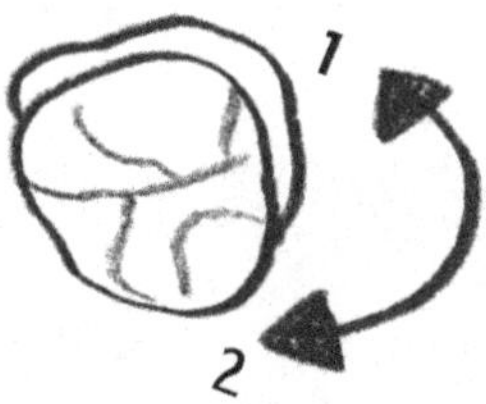


Tiens les deux boules l'une contre l'autre et retourne-les en soufflant dessus, et en récitant cette formule magique : « Abracadabridiot! »

Tends les deux boules devant toi ; cette fois, la boule 1 est devant. Déplie-la lentement en cachant la boule déchirée derrière. Et voilà : la feuille est réparée!

# CA FOND !

Choisis un objet dont la forme te plaît.
Dessine-le en train de fondre.

# PARLONS UN PEU DE MOI

| Ce que je pense de moi. | Ce que les autres pensent de moi. |
|---|---|
| | |

# ROCK AND ROLL

Monte un groupe. Trouve-lui un nom.
Fabrique une affiche pour ton premier grand concert.

Si des gens viennent te voir mais que tu ne sais jouer d'aucun instrument, prends un air cool et déclare que le groupe a dû se séparer pour « raisons artistiques ».

# ENREGISTRE LES BRUITS QUE TU PEUX FAIRE AVEC CE LIVRE.

# TU ES UN VILAIN CORNICHON

Quelles sont les phrases les plus stupides que tu peux former avec ces mots ?

pou copain incroyable casse maléfique
réponds du tarte six ramasses truc
court lave chauve croûte rot tu
poisson saucisses cè relou a qu'est-ce que
mou de super verte maison garçon
chocolat es rat fesses visage un éclate
t' citron poilu tires éléphant banane
plume mouillé monstre électrique papa hanté
jamais avec slip aime moisi feu
prince gluante grizzli content explosée
est mange tordu sa fait flippant
tache pas ne humide caramel de alors
ma toi une règles voleur ton aimes
louche mes toilettes sur je seul ennuis
peur tout et fée il y a ai dans gros
pour j' tes sale comme gelée son
caca des chatouilles fou suis grand sa
le cerveau être fantastique cochon nul la
mes jour rêves les elle et nu notre

Fabrique tes phrases ici :

mange nous tes
co cea

# ART EN BARRE

Découpe des codes-barres sur des emballages. Assemble-les comme tu veux sur cette page.

# LA PAGE DES CLONES

Dessine avec plusieurs couleurs en même temps, en tenant une poignée de feutres ou de crayons à la main. Signe ton œuvre de la même manière.

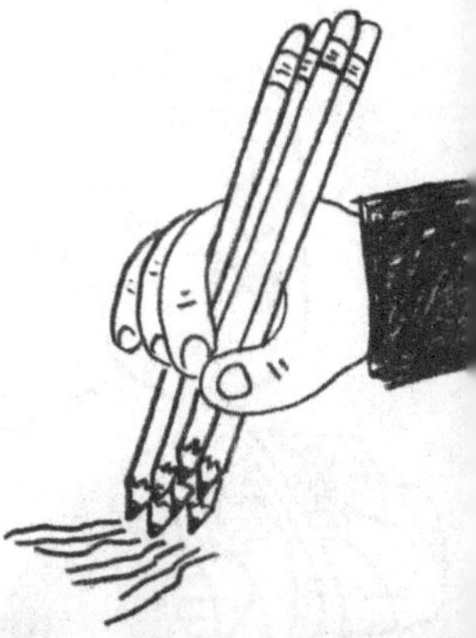

# ÇA VA SAIGNER !

À quoi ressemblerait cette page si elle était blessée ? Il y aurait peut-être des traces de sang, ou une grosse croûte ? Tu pourrais lui faire des fractures, des bleus, des piqûres, des cicatrices... ou bien lui mettre des pansements. C'est toi qui choisis !

# CECI N'EST PAS UN **8**

C'est un bout de dessin. De quoi? C'est toi qui vois...

# Fais ton CHOIX

Colorie cette page. Utilise-la pour prendre des décisions ou prédire l'avenir. Pose une question, puis fais tournoyer un crayon pour obtenir une réponse.

SÛREMENT

Invente une réponse

..................

Invente une réponse

..................

Invente une réponse

..................

HOU! LÀ, LÀ!

OUI À 100 %

AUCUNE CHANCE

PEU IMPORTE : LA FIN DU MONDE AP-PROCHE

ABSOLUMENT

TU PLAISANTES ?

PEUT-ÊTRE

JE NE SAIS PAS TROP, RECOMMENCE.

AVANT, J'ÉTAIS INDÉCIS, MAIS MAINTENANT JE NE SAIS PLUS.

# C'EST TOI QUI T'Y COLLES !

Colorie ces badges. Colle-les ou scotche-les où tu veux.

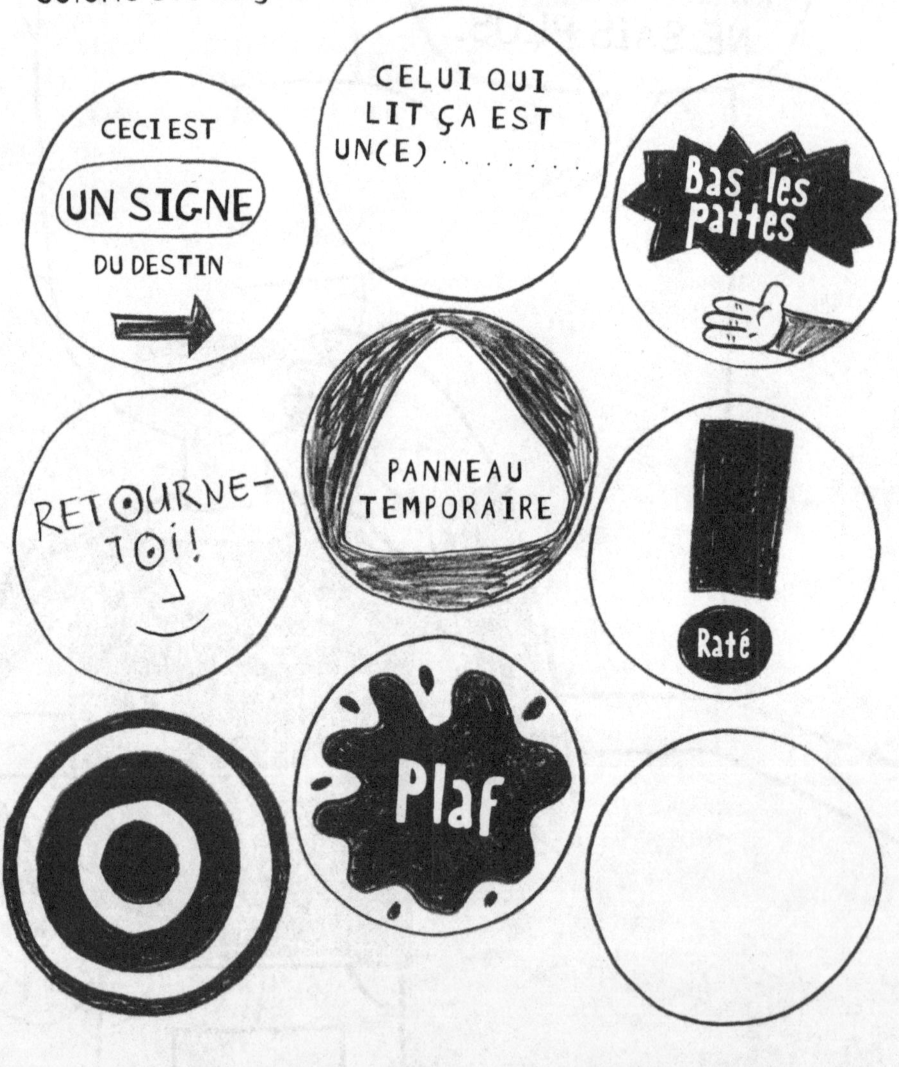

# MESSAGE MYSTÈRE

Noircis cette page au crayon à papier. Utilise une gomme pour écrire un message fantomatique.

# MINIMUSÉE

Fouille ce livre à la recherche de minichefs-d'œuvre cachés dans tes dessins. Découpes-en des bouts pour les accrocher dans ton musée, ou peins de nouvelles œuvres. Monte une petite exposition.

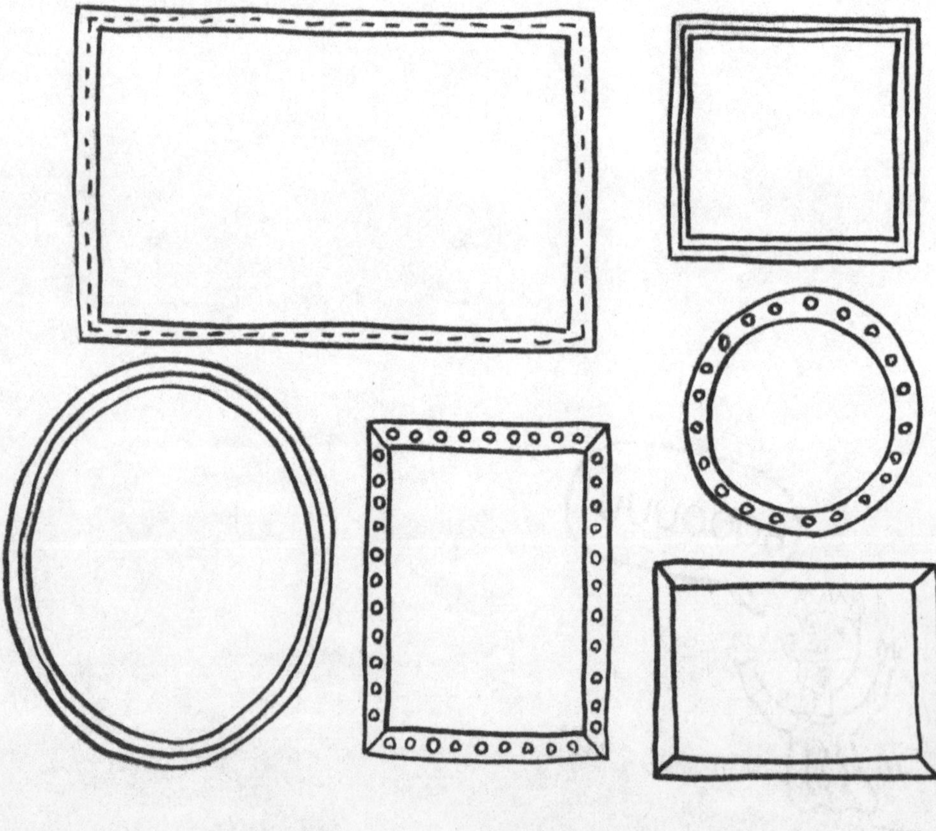

# MIROIR MON BEAU MIROIR

Écris des adjectifs qui
te correspondent sur des post-it.
Colle-les sur ton visage,
puis dessine-toi face à un miroir.

# C'EST MAGIQUE !

Des fées viennent butiner ici...

Referme le livre d'un coup pour les écraser.

# TERMINE CE LIVRE

COMME TU VEUX.

Réponse page « œil de lynx » : il n'y en a pas. Essaie de prendre un ami au piège !